행복

저 산 너머 저 멀리
행복이 있다고
사람들은 말하네.

나도 남을 따라
행복을 찾아갔다가

눈물만 머금고 돌아왔네.

저 산 너머 저 멀리
행복이 있다고
사람들은 여전히 말하네.

Over the mountains, far to travel,
people say, Happiness dwells.

Alas, and I went in the crowd of the others,
and returned with a tear-stained face.

Over the mountains, far to travel,
people still say, Happiness dwells.

칼 붓세(1872-1918)

강태광의 기독교 인문학 시리즈 5
손에 잡히는 크리스천 행복론
ⓒ강태광 Printed in Seoul
2024년 03월 25일 1쇄

지은이 | 강태광
발행인 | 박찬우
편집인 | 우 현
펴낸곳 | 생명의우물가

등록번호 | 제313-2006-000085호
서울특별시 마포구 서교동 357-1 서교프라자 318
전화 | 02-333-8311
팩스 | 02-333-8326
메일 | adam3838@naver.com

가격 20,000원 | US 30 $
ISBN 979-11-966154-8-2 (04120)
ISBN 979-11-966154-3-7 (세트)

강태광의 기독교 인문학 시리즈 5

손에 잡히는 크리스천 행복학

생명의우물가

김장환 목사
(극동방송 이사장)

'행복'은 전 세계 모든 사람의 공통된 관심사이자 삶의 목표입니다. 크리스천도 예외가 아닙니다. 크리스천도 행복을 추구하고, 행복을 바랍니다. 그러면 크리스천들은 어떤 행복을 추구하며 살아야 할까요? 크리스천은 어떤 행복을 누려야 할까요?

금번에 강태광 목사님이 그간 언론에 기고했던 행복 칼럼을 엮어 〈손에 잡히는 크리스천 행복학〉이란 책을 출판하는데 이 책에서 위의 질문들에 대답을 시도합니다. 강태광 목사님은 이 책에서 행복은 하나님의 뜻이며, 크리스천들이 구원받고 성령 충만하여 하나님의 형상을 회복하면 행복하게 된다는 사실을 강조합니다.

모쪼록 이 책을 통해 크리스천들이 행복을 회복하기를 바랍니다. 아울러 섬기는 교회와 직장, 그리고 가정에 참된 행복을 전파하는 계기가 되길 간절히 바랍니다.

강준민 목사
(새생명비전교회 담임)

《손에 잡히는 크리스천 행복론》은 다이아몬드와 같은 책입니다. 행복이 무엇이며, 왜 행복해야 하며, 어떻게 행복할 수 있는지를 잘 알려주는 책입니다. 행복학의 역사를 보여주고, 행복의 정수를 보여주는 책입니다. 가장 가까이에 두고 자주 읽고 싶은 책입니다. 거듭 방문하고 싶은 책입니다. 이 책은 보석보다 고귀한 행복에 대한 지식과 지혜로 가득 차 있습니다. 가슴에 새기고 싶은 행복의 비밀이 담겨 있는 책입니다.

가끔 혼자만 몰래 읽고 싶은 책이 있습니다. 남에게 알리지 않고 숨겨 둔 채 읽고 싶은 책이 있습니다. 책의 내용을 소개하면서도 책의 출처를 알리고 싶지 않은 책이 있습니다. 바로 이 책은 그런 책입니다. 하나님은 우리가 행복할 때 가장 행복해하시는 분입니다. 저는 행복을 갈망하는 분들에게 이 책을 추천하고 싶습니다. 행복의 비결을 깨우치길 원하는 분들에게 이 책을 추천하고 싶습니다. 행복의 비밀을 나누고 싶은 분들에게 이 책을 추천하고 싶습니다.

곽건섭 목사
(LA 예은교회 담임)

누구나 행복을 원합니다. 성도도 행복해야 하고 교회도 행복을 추구해야 합니다. 우리 예은 교회의 올해 표어도 "행복한 교회"입니다. 행복한 성도의 삶을 세우기 위해 목회자로 늘 노력합니다. 성도들이 행복한 삶은 하나님께 기쁨을 드리는 일입니다. 하나님께서 주시는 복을 누리고 하나님의 뜻대로 살면 성도는 행복할 수밖에 없습니다.

6년 전에 강태광 목사님이 우리 예은교회에 오셔서 지금까지 우리 교회를 섬기고 있습니다. 강목사님은 분주한 사역 현장에서 매주 몇 개의 칼럼을 쓰는 것을 격려하고 응원합니다. 그런데 이번에 그 칼럼을 정리해서 〈손에 잡히는 크리스천 행복론〉을 출판합니다. 축하와 응원의 박수를 보냅니다. 이 책을 읽으시는 독자는 반드시 행복할 것입니다. 독자들의 행복을 응원합니다.

노창수 목사
(남가주 사랑의 교회 담임)

모든 사람은 행복하기를 원한다. 행복하기를 원치 않는 사람은 없다. 그런데 행복을 누리는 사람은 많지 않다. 행복이란 무엇인가? 행복의 사전적 의미는 "생활에 만족하여 즐겁고 흐뭇하게 느끼는 감정이나 상태"이다. 동양에서 행복을 오복이라 한다. "장수하고, 부하고, 건강하고, 덕을 좋아하고, 천명을 다하는 것"이다. 그런데 기독교는 행복은 상태가 아니라 관계라고 가르친다. 하나님과의 관계, 사람과의 관계가 올바르게 될 때 참된 행복을 누리게 된다고 가르친다.

금번 강태광목사의 "손에 잡히는 크리스천 행복론"을 추천하는 이유가 바로 여기에 있다. 이 책은 진정으로 참된 행복이 무엇이고, 하나님 안에서 행복한 삶을 살 수 있는 구체적인 방법을 제시해준다. 이 책을 통해 모두 하나님 안에서 행복하시기를 기원한다.

민종기 목사

(Ph.D. 재미한인기독선교재단(KCMUSA) 이사장, 충현선교교회 원로목사)

교회가 고도(孤島)처럼 세속의 현장에서 격리되는 경향이 심화 되고 있습니다. 또한, 개교회의 부흥과 발전을 최고의 목표로 삼는 동안, 복음 전파를 위한 영적 생태계가 무너지는 상황에 있습니다.

이 암울한 시대에, 시대를 향한 소통의 교량을 준비하는 고독한 목회자가 있습니다. 미주 조선일보를 통하여 인문학적인 소양을 가지고 복음과 세상을 이어주는 성실한 일꾼이 있습니다. 우리의 친구 강태광 목사님은 우울한 팬데믹과 엔데믹 시대에 "행복론"의 화두를 섬세하게 던지고 있습니다. 주옥같은 그의 칼럼은 복음 안에서 시대를 살아가는 자에게 필요한 지혜를 제시합니다. 우리가 가진 하늘의 가르침은 "교회용"일 뿐만 아니라 "일반용"입니다. 그를 통해 소화된 성경의 통찰은 이 세상에서도 역시 진리임을 보여줍니다.

강태광 목사님은 쉬운 필치로 깊은 원리를 제공합니다. 인문학의 도구를 통하여 "진리와 역사"의 접점을 예리하게 붙잡아 정교한 필치로 영성 깊은 깨달음을 전달합니다. 우리의 마음으로만 아니라 실제로 행복을 건설할 수 있는 길잡이를 여기서 발견할 수 있음을 믿습니다. 일독을 권장합니다.

| 추천의 글 |

박성근 목사
(남가주 새누리 침례교회)

항상 밝고 감동적인 글로 사람들에게 힘을 주시는 강태광목사님께서 또 한권의 책을 출판하셨습니다. "손에 잡히는 크리스천 행복론"이라는 책입니다. 막연한 행복론이 아니라, 손에 잡히는 행복론입니다. 구체적이면서 현실적인 행복을 다루고 있습니다. 누구에게나 절실한 행복의 진수입니다.

더구나 인문학적인 차원과 성경이 말하는 참된 기쁨의 원천을 연결시키고 있습니다. 사고적이면서, 영적입니다. 수평적 행복을 넘어 절대적 행복을 소개하고 있습니다. "기뻐하라"는 성서적 명제는 크리스챤 삶의 본질이면서 열매입니다. 강목사님의 오랜 사역과 삶을 통해 흘러나오는 행복 메시지가 많은 사람들에게 용기를 주리라 믿습니다. 행복에 목말라하는 모든 이에게 꼭 추천하고 싶은 필독서입니다.

송정명 목사
(미주 성시화 운동 공동대표)

이 세상을 살아가고 있는 사람들 가운데 행복 하기를 원하지 않는 사람이 어디 있겠습니까? 그런데 어떻게 해야 행복할 수 있는지 그 방법론을 모르는 사람들이 예상외로 많이 있습니다. 여기에 목회자요 시인이며 문필가로 남들의 어려움을 돕는 긍휼 사역에 헌신하며 열심히 살아가는 후배 강 태광 목사께서 이번에 "손에 잡히는 크리스천 행복론"이란 책자를 발간했다는 소식을 들었습니다.

저자는 고대 철학자들의 행복론으로부터 성경에서 제시하고 있는 행복의 기본적인 원리와 지구촌에서 행복하게 살아가고 있는 여러 나라 국민의 행복 비결들을 비교적 쉽게 소개하고 있습니다. 성경은 이스라엘 사람들은 행복한 사람(신 33:29)이라고 말씀하고 있기에 오늘을 살아가고 있는 우리가 이 책을 가까이 두고 곱씹어 보면 우리도 행복을 누리면서 행복하게 살아갈 수 있을 것이라는 생각이 들어 꼭 일독을 권해드리면서 추천을 해드립니다.

이종용 목사
(코너스톤 교회)

강태광 목사님은 제가 텍사스 목회할 때 만났던 한국군 장교들을 통해서 이어졌습니다. 목회 초년 시절 유학생 장교들을 섬겼는데, 그들을 통해 한국군 군종목사였던 강목사와 만남이 이루어져 교제하게 되었습니다. 후배요 아우인 강목사님의 사역을 보고 그의 칼럼들을 대하면서 늘 응원하고 기도하고 있습니다.

강태광 목사님 글은 내용이 알차고, 읽기가 쉽고 나아가 신앙인과 비신앙인의 삶을 동시에 터치하는 좋은 글입니다. 강목사님의 조선일보 행복 칼럼을 종종 읽곤 했는데, 행복 칼럼을 정리해 〈손에 잡히는 크리스천 행복론〉을 출판한다고 하니 기쁜 맘으로 축하를 드리고 발간되는 책을 읽을 독자들을 축복합니다. 이 책을 읽고 꼭 행복을 붙잡기를 바라며 추천합니다.

신승훈 목사
(LA 주님의 영광교회)

미주 여러 언론에 고정 칼럼을 기고하는 강태광 목사는 독자들의 사랑받는 칼럼니스트입니다. 문학 칼럼을 모아 펴낸 〈기독교 문학 산책 (1권, 2권)〉이나 성서 인문학 칼럼을 엮어 펴낸 〈신약 인문학〉도 독자들의 사랑을 받고 있다고 듣습니다. 최근 강목사님의 조선일보 칼럼을 엮어 펴낸 〈사랑하며 산다는 것은〉이란 책을 즐겁게 읽고 유익을 얻었습니다.

제가 만난 강 목사는 책을 많이 읽습니다. 스스로 '활자 중독자'로 밝히는 강목사 손에는 언제나 책이 들려 있습니다. 폭넓은 독서를 바탕으로 풀어내는 그의 칼럼은 풍부한 지식과 새로운 통찰력을 제공해 주어서 신문에서 만나면 즐겨 읽곤 합니다. 금번에 행복칼럼을 엮어 〈손에 잡히는 크리스천 행복론〉을 발간한다고 합니다.

이 책이 분명 독자들의 사랑을 받게 되리라 믿고 기쁨으로 추천합니다.

진유철 목사
(나성순복음교회, 미주성시화 공동대표)

강태광 목사님은 신앙의 눈으로 세상을 읽는 탁월한 은사를 지닌 분입니다. 특히 인문학에 대한 깊은 이해를 바탕으로 성경적 진리를 일상에 적용하는 강 목사님의 칼럼은 한번 읽기 시작하면 쉽사리 손에서 놓지 못하게 하는 매력이 있습니다.

이번에 출간한 "손에 잡히는 크리스천 행복론"은 강 목사님이 그동안 언론사들에 기고한 칼럼들을 '행복'이라는 주제 아래 엮은 책입니다. 이 책은 모든 사람이 자기 행복을 추구하는 시대에 신앙인들은 어떻게 복음적인 행복을 누릴 수 있는지 설명합니다. 인문학적 관점에서 행복의 참 의미를 조명한 후, 신앙인들의 행복에 관한 시각을 재정립합니다. 그리고 그것을 일상에 적용하는 노하우를 제안한 후, 참 행복을 누리는 행복 선진국의 사례를 소개하며 책을 맺습니다.

이 책은 행복에 목마른 현대인들에게 참 행복이 무엇이며, 우리가 어떻게 그 행복을 누릴 수 있는지에 대한 가이드북과 같다고 하겠습니다. 이 책을 읽는 모든 독자가 하나님께서 주시는 복음의 참 행복에 한 걸음 더 다가가길 기대하며 이 책을 추천합니다.

한기홍 목사
(은혜한인교회, 다민족기도대회 대회장)

다민족기도대회 사무총장으로 저와 함께 동역하는 강태광 목사는 오래전에 코딤(Korean Diaspora Ministry)를 통해서 만났습니다. 동남부 어려운 지역에 목회하면서도 책을 출판하며 자신의 역량을 개발하던 강목사의 그 시절이 생생하게 기억납니다. 그때부터 강목사는 열심히 읽고 열심히 쓰는 목회자였습니다. 다민족연합기도운동 등 남가주 지역 기도운동에도 헌신하는 강태광 목사는 바쁜 생활 가운데서도 독서를 게을리 않는 것으로 유명합니다. 인문학 특히 문학에 깊은 관심을 가진 강태광 목사가 크리스천의 행복을 인문학적으로 다룬 책 〈손에 잡히는 크리스천의 행복론〉을 출판한다고 하니 기대가 되고, 독자들이 건강한 행복을 배우게 되리라 믿어 기쁨으로 추천합니다.

| 추천의 글 | 김장환 목사_04 ‖ 강준민 목사_05 ‖ 곽건섭 목사_06
노창수 목사_07 ‖ 민종기 목사_08 ‖ 박성근 목사_09
송정명 목사_10 ‖ 이종용 목사_11 ‖ 신승훈 목사_12
진유철 목사_13 ‖ 한기홍 목사_14 | 목차 |

제1부 행복의 인문학 | 행복 선구자와 행복 원리

- 고대 지혜자 솔론이 전하는 행복원리_20
- 행복학 선구자 소크라테스의 행복(幸福)_25
- 아리스토텔레스 모순된 행복론의 교훈_29
- 세네카 행복론이 주는 교훈_34
- 아우구스티누스의 행복학(1) '실패한 행복 찾기'_38
- 아우구스티누스 행복학(2) '행복의 원천'_43

제2부 크리스천 행복론 | 교회와 성도여 행복을 누려라!

- 크리스천은 행복해야 합니다!_50
- 구약에 나타난 행복어 연구: 아셀(Ashel)_55
- 신약 행복어 연구 카라(χαρά)와 카이로(χαίρω)_60
- 신약에 나타난 행복어 연구: 마카리오스_65
- 성도가 행복한 삶에 유리한 이유_70
- 여호와 앞에서 행복하라!_75
- 성도의 행복 원천은 하나님_79
- 하나님이 주신 행복 재료들_84
- 교회여! 행복을 회복하라!_89

제3부　생활 속 행복 노하우 | 행복한 삶을 위한 실천 사항

- 반드시 행복해야 합니다!_96
- 행복하려면 감사의 역량을 계발하라!_101
- 감사 편지를 쓰자!_106
- 행복을 위해 미소 지으라!_111
- 품격 있는 미소와 행복!_116
- 행복을 위해 파안대소하라!_121
- 행복하려면 칭찬하세요!!_126
- 칭찬 샤워의 힘을 활용하라!_131
- 행복하려면 친절을 실천하라!_136
- 친절의 유익!_141
- "자기"라는 정원을 가꿔라!_145
- "자기"를 가꾸면 행복이 자랍니다!_150
- "인생을 낙관하라!!"_155
- 낙관적 사고를 훈련하라!_160
- "행복하려면 몰입하라!"_165
- 역경지수를 길러라!_170
- 실패에서 배우라!_175
- 실패 활용법_179
- 위로하고 위로받아라!_184
- 위로의 능력_189
- 위로 노하우(Know-how)_194

- 용서로 만드는 행복!_199
- 행복으로 가는 용서의 의미_204
- 도전하는 삶이 행복합니다!_209
- 도전의 아름다움!_214
- 격려로 행복을 만들자!_219
- 격려는 행복 공장_224
- 고통을 이기고 누리는 행복_229

제4부 행복 선진국의 비밀 | 행복을 누리는 나라의 행복론!

- 행복 선진국 덴마크와 그룬트비_236
- 행복 선진국 덴마크의 기초가 된 기독교 정신_241
- 덴마크의 휘게스러운(Hyggeligt) 행복_246
- 행복 선진국 핀란드의 행복 인프라_250
- 행복을 연습하는 핀란드의 행복 교육_254
- 너그러움과 넉넉함이 있는 핀란드 휘바 행복_259
- 학생이 행복한 네덜란드의 행복 교육_263
- 관용과 배려가 있는 네덜란드의 노인 행복!_267
- 코스타리카의 행복! 프라 비다(Pura Vida)!_271
- 행복 선진국 부탄의 행복 가꾸기_276
- 부탄 행복의 선구자 4대왕 지그메 싱게 왕축_280

- 에필로그_행복을 주는 책이 되기를_강태광_284

LET'S BE HAPPY
TOGETHER

♥
고대 지혜자 솔론이 전하는 행복원리
♥
행복학 선구자 소크라테스의 행복(幸福)
♥
아리스토텔레스 모순된 행복론의 교훈
♥
세네카 행복론이 주는 교훈
♥
아우구스티누스의 행복학(1) '실패한 행복 찾기'
♥
아우구스티누스 행복학(2) '행복의 원천'

행복 선구자의 행복 원리

제1부 · 행복의 인문학

고대지혜자 솔론이 전하는 행복 원리

　서양 최초의 역사책 헤로도투스의 "역사" 서두에 크로이소스와 솔론의 대화가 등장합니다. 크로이소스는 리디아의 마지막 왕으로 엄청난 부호였습니다. 크로이소스는 그리스 도시국가를 차례로 정복하고 리디아에 합병(合倂)했습니다. 리디아가 강해지자 많은 현인(賢人)들이 크로이소스를 방문했는데, 아테네에서 가장 존경받는 철학자 솔론도 방문했습니다.

권력과 재산, 그리고 제왕으로서 위엄과 교양을 갖추었던 크로이소스는 솔론을 궁궐에서 극진히 환대했습니다. 솔론이 궁궐에 온 지 며칠 지났을 때, 왕은 솔론을 보물창고로 안내했습니다. 온 세계에서 수집된 보물을 돌아본 솔론에게 크로이소스는 물었습니다. "지혜로운 자여, 그대는 이제까지 본 사람 중에 누가 가장 행복한 사람이라고 생각하오?" 크로이소스는 박학다식한 철학자를 통해 객관적으로 자신의 행복을 확인받고 싶었습니다.

　그런데 솔론 대답은 아주 엉뚱했습니다. "왕이시여, 세상에서 가장 행복한 사람은 아테네 사람 텔로스입니다." 크로이소스는 실망스러운 맘을 애써 감추며 이유를 묻습니다. 솔론은 텔로스의 행복 이유를 설명했습니다. 첫째, 그가 아테네라는 좋은 나라 시민이었고, 둘째, 그의 자식들이 모두 훌륭하였고 셋째, 그의 죽음이 영광스러웠다며 세 가지를 말했습니다. 텔로스는 아테네가 침공당했을 때 나라를 구하고 전사했었습니다.

　김이 샌 크로이소스왕은 또 묻습니다. 왕은 '그다음엔 누가 행복한가?'하고 물었습니다. 솔론은 아테네 시민 '클레오비스'와 '비토' 형제라고 대답했습니다. 그들은 형제애와 어머니에 대한 효심이 깊었으며 아주 용감했습니다. 크로이소스는 화가 나서 "뭐라고! 그대는 내가 누리는 행복이 서민들보다 못하다고 여기는가?" 그러자 솔론은 "왕께서는 값비싼 보물과 권력(勸力)을 가지고 있습니다. 그러나 과연 끝까지 다 누릴 수 있는지는 아무도 모릅니다. 변화할 여지가 있는 인생을 행복하다고 하는 것은 아직 시합 중인 선수에게 승리를 선언(宣言)하고 상을 주는 것과 같습니다. 그 판결은 불안정하고 승인(承認)될 수 없습니다."라고 하였습니다.

크로이소스와 솔론의 대화를 통해서 고대 희랍의 지혜자들의 행복원리를 배웁니다. 우선 행복을 묻는 사람은 행복한 사람이 아닙니다. 행복한 사람은 다른 사람에게 자신의 행복을 인정받지 않아도 됩니다. 정말 행복한 사람은 자신의 행복을 설명하고 선포하지 않습니다. 표정이 행복을 설명하고, 삶에서 누리는 기쁨과 감사의 고백과 삶의 활력이 행복을 보여 줍니다.

두 번째 솔론이 인정하는 행복한 사람은 소속한 사회(국가/가정)를 위해 희생하는 사람이었습니다. 텔로스는 나라를 위해 희생한 사람이었고, '클레오비스'와 '비토' 형제는 어머니를 위해 희생한 사람입니다. 진정한 행복은 희생이라는 거름으로 자라는 나무입니다. 진정한 희생에는 반드시 행복이 피어납니다. 행복한 사람은 희생적 삶을 사는 사람입니다. 자신이 속한 국가, 교회, 지역 사회 그리고 가정을 위해 희생하는 사람은 행복하답니다.

세 번째 솔론이 인정한 행복한 사람은 건강한 사회에 속한 사람입니다. 텔로스는 좋은 도시국가 아테네 사람이었다고 솔론이 말합니다. 클레오비스와 비토도 아테네 시민이었고, 좋은 가정의 사람들이었습니다. 북유럽 국가들의 행복을 살피면서도 배우는 중요한 원리는 성숙한 행복 사회에 소속된 것은 중요한 행복 인프라입니다. 행복하려면 좋은 사회에 소속해야 합니다. 나아가 우리 행복을 위해 좋은 사회를 만들어야 합니다.

넷째 솔론이 인정하는 행복한 사람은 마지막의 모습이 아름답고 추모할 만한 사람입니다. 죽음의 장면이 아름다운 사람이 행복한 사람입니다. 행복한 사람은 죽음을 당당히 맞는 사람입니다. 또 행복한 사람은 텔로스나 클레오비스와 비토처럼 추모할 가치가 있는 아름다운 죽음을 가진 사람입니다. 우리 인생의 성패는 코끝에서 호흡이 끝날 때 결정됩니다. 삶의 과정이 중요합니다. 그러나 인생의 마지막이 더욱 중요합니다. 인생 마지막에서 성공한 사람이 진정한 성공자이듯이 마지막이 아름다운 사람이 행복한 사람입니다. 우리가 잘 살아야 하는 이유는 아름다운 죽음을 맞기 위함입니다. 마지막을 잘 준비하는 인생이 행복한 인생입니다.

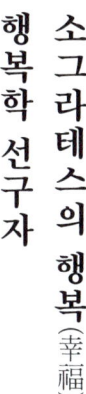

소크라테스의 행복(幸福)
행복학 선구자

소크라테스가 행복학 기초를 놓았습니다. 소크라테스 없이는 철학의 역사를 논할 수 없듯이 소크라테스 없는 행복학 역사는 없습니다. 소크라테스는 인류의 공통 목적이 행복임을 밝힌 사람입니다. 소크라테스 이전의 철학자들도 행복을 논했습니다. 그들은 행복이 가진 자들의 관심사라는 사실을 부각했습니다. 반면 소크라테스는 행복이 모든 인생의 궁극적 목적이라는 사실을 천명하였습니다.

소크라테스가 살았던 고대 아테네는 상상하기 어려울 정

도로 의식과 문화가 발달한 도시국가였습니다. 도시국가 아테네는 민주주의 정치 제도를 실행하였습니다. 물론 아테네가 취한 민주주의가 지금 우리가 누리는 민주주의와는 상당한 차이가 있습니다. 하지만 그 시대에 시민을 주인으로 인정하는 민주(民主) 의식이 있었다는 것은 대단한 일입니다. 이는 소크라테스와 같은 철학자들의 활발한 활동으로 아테네와 주변 도시국가의 시민들 의식 수준이 상당한 수준이었습니다.

소크라테스는 이런 아테네에서 인생의 지혜를 찾아 시민들을 계몽하였습니다. 그는 아테네 서민의 아들로 태어났지만, 타고난 인품과 연마를 통해서 당대 아테네 젊은이들과 지식을 갈망하는 아테네 시민들의 스승으로 객관적이고 보편타당한 진리를 설파하였습니다. 이런 과정에서 발전된 것이 소크라테스의 행복론입니다. 소크라테스의 행복론은 몇 가지 중요한 메시지를 갖고 있습니다.

첫째로 소크라테스는 행복이 보편적인 인간 삶의 목적이라는 명제를 세웠습니다. 당시 많은 철학전도사 소피스트들이 행복을 말했지만, 그들은 그들의 주관적인 행복을 말했습니다. 반면에 소크라테스는 인류의 보편적 가치로서의 행복을 주창한 것입니다. 플라톤과의 대화록인 "에우티데모스"에서 소크라테스는 "행복을 바라지 않은 사람이 있을까?"라는 질문을 하면서 행복추구가 모든 인간의 자연스러운 갈망이라고 가르칩니다. 그에 따르면 행복은 모든 인생의 궁극적 숙제입니다.

둘째로 소크라테스에 의하면 정당하고 의롭게 추구되는 행복이 진정한 행복입니다. 소크라테스는 덕(德)이 있는 행복을 강조합니다. 덕스러운 행복이요, 도덕성이 있는 행복입니다. 그는 행복을 추구하는 인간들이 불행의 길로 접어드는 이유가 탈선과 범법에 있음을 지적하는 것입니다. 행복을 위해 선택한 죄는 우리를 불행하게 합니다. 용기, 절제 그리고 정의 같은 덕의 실천이 우리를 행복으로 이끕니다.

소크라테스에 따르면 덕을 실천하는 도덕적인 사람이 행복한 사람입니다. 도덕적 삶이 행복으로 가는 입구입니다. 소크라테스에게 행복은 단순한 기분 좋은 상태나 운이 좋은 것이 아닙니다. 행복은 좀 더 고상하고 중요한 삶의 가치입니다. 행복은 덕의 실천을 통해서 영혼이 맑아질 때에 누리는 만족과 보람입니다. 그리스어로 행복이 "에우다이모니아"입니다. 좋다는 의미의 에우(Eu)와 정신이라는 뜻의 다이

모니아(Daimonia)가 결합된 말입니다. 헬라어 행복이라는 말은 '선한 영으로 충만한 상태'입니다.

셋째로 소크라테스가 말하는 행복은 바른 지식에 근거한 행복입니다. 소크라테스는 '지식과 덕은 같은 것이다'라고 말합니다. 그는 덕과 지(知)를, 악덕과 무지(無知)를 일치시킵니다. 인간이 덕을 실천하지 못해서 불행해지는 이유가 지식과 교육의 부족이라고 생각합니다. 소크라테스는 아테네가 정복했던 주변 부족국 국민의 무지한 삶과 그 무지가 주는 파괴력을 보면서 지(知)가 부족하므로 덕(德)이 부족하고 덕이 부족함으로 불행하다는 명제를 만들었습니다.

소크라테스의 행복을 살피면 낯설지 않습니다. 기독교의 행복론과 비슷한 원리입니다. 소크라테스는 바른 지식의 습득, 덕이 있는 삶, 그리고 맑은 영혼의 소유가 행복 프로세스입니다. 소크라테스는 궁극적으로 내면의 행복, 영혼의 행복을 추구하였습니다. 그래서 필자는 논리적 비약과 편향적 해석이라는 비판을 각오하면서 소크라테스의 행복론은 지식이 성경적 지식이라면 기독교적 행복과 일치한다고 주장합니다. 소크라테스를 통해서 이런 정리가 가능합니다. "바른(성경)지식에 근거한 바른 삶으로 거룩한 영혼을 소유한 삶이 참된 행복입니다!"

아리스토텔레스 — 모순된 행복론의 교훈

 소크라테스와 플라톤의 가르침 위에 독특한 자신의 철학을 체계화한 아리스토텔레스는 철학사의 한 획을 그었습니다. 행복학에서도 아리스토텔레스는 최초로 체계화된 행복론을 제시한 행복학자입니다. 아리스토텔레스는 마케도니아 출신으로 플라톤의 수제자요 알렉산더 대왕의 스승으로 알려졌습니다. 그는 알렉산더 대왕의 인정을 받아 알렉산드리아 도서관 관리를 맡았었고 도서관의 방대한 책과 자료를 바탕으로 헬라철학을 정리했습니다.

헬라철학은 최선의 삶이 무엇인가? 에 끊임없이 논의했습니다. 그래서 헬라철학을 삶의 기술(Art of Living)이라고 합니다. 헬라철학자들은 삶에서 실현되는 지고선을 찾았습니다. 아리스토텔레스는 인생에서 완전하고 본질적인 삶의 목적은 행복이라고 말합니다. 아리스토텔레스는 훌륭한 의사는 의술을 통해 건강을 구현하고, 훌륭한 장군은 전쟁을 통해 승리를 구현하는 것처럼 훌륭한 사람은 인생을 통해 행복을 이룬다고 합니다.

아리스토텔레스는 행복을 궁극적 관심으로 삼았기 때문에 자신의 저서마다 행복을 언급하고 있습니다. 어떤 기록에 따르면 아리스토텔레스는 자신의 거의 모든 강의에서 행복을 언급했다고 전해집니다. 이런 아리스토텔레스의 행복관을 이 좁은 지면에 정리하는 것은 다소 무모한 시도입니다. 필자는 아리스토텔레스의 대표적인 저서들을 중심으로 행복론을 정리합니다.

첫째로 수사학에서 말하는 미덕과 번영의 결합으로서의 행복입니다. 그의 책 '수사학'에서 아리스토텔레스는 행복이 미덕과 번영의 결합이라고 말합니다. 아리스토텔레스는 행복은 의식 있는 인간의 내면적 조건인 미덕과 능력 있는 인간의 외면적 조건인 환경의 열매라고 말합니다. 행복한 삶을 위해서 바른 생각과 삶으로 엮어내는 미덕이 필요합니다. 미덕이 없는 삶은 행복할 수 없습니다. 아울러 자존적 삶을 가능하게 하는 능력 즉 번영이 필요함을 말합니다. 자존적인 삶의 능력이 없으면 행복할 수 없습니다. 아리스토텔레스는 현실적이고 균형 잡힌 행복의 조건 즉, 미덕과 번영(성공, 능력)이 있는 삶을 말합니다.

둘째로 윤리학에서 언급된 행복은 절제된 행복입니다. 아리스토텔레스는 몇 권의 윤리학책을 저술했지만, 대표적인 책이 니코마코스 윤리학입니다. 아들 니코마코스에게 전하는 윤리교훈입니다. 이 책에서 아리스토텔레스는 이성에 따른 덕행으로 행복을 얻는다고 주장합니다. 누구라도 미덕을 실천할 수 있고 미덕을 실천하면 반드시 행복하게 된다고 강조합니다.

아리스토텔레스는 행복은 유덕한 활동이라고 말합니다. 그는 절제와 중용을 통해 유덕한 활동의 실천이 가능하다고 합니다. 행복을 보장하는 미덕의 지속적 실천을 위해 미덕의 생활화 혹은 미덕의 습관화가 필요하다고 합니다. 행복을 위한 아리스토텔레스의 구체적 처방은 미덕의 실천입니다.

셋째 아리스토텔레스는 정치학에서 행복을 언급합니다. 그는 정치의 목적이 도시국가 시민들의 덕행을 통한 행복 촉진으로 봅니다. 그에 따르면 시민들의 행복을 촉진하기 위한 국가 지도자들의 활동이 정치입니다. 아리스토텔레스는 '행복정치'를 말합니다. 아리스토텔레스는 자신이 온 힘을 기울여 설명했던 행복의 조건 미덕을 제한적이고 부차적 조건이라고 합니다. 그리고 완벽한 행복은 신들의 활동과 숙고가 아니면 달성할 수 없다고 합니다. 놀라운 반전입니다. 행복은 인간이 쟁취할 수 있다고 강하게 주장해 놓고 그는 신의 도움이 아니면 행복을 누릴 수 없다는 모순적 메시지를 던집니다.

아리스토텔레스가 주장하는 행복론을 요약하면, 행복은 적당한 능력(번영)도 필요하고 덕행을 실천하는 윤리(선한 삶)도 필요하지만, 이것들로 완전한 행복을 누릴 수 없습니다. 신의 도움이 필요합니다. 신의 도움이 없이는 누릴 수 없는 행복의 한계를 설명합니다.

아리스토텔레스는 우리가 가진 성경(진리)를 알지 못해 온전한 설명은 못 했지만, 참신 하나님 안에서만 누릴 수 있는 온전한 행복을 말합니다. 성경은 말합니다. 항상 기뻐(행복)하라! 어떻게 항상 기뻐할 수 있을까요? "내게 능력 주시는 주님 안에서 내가 모든 것을 할 수 있느니라!" 주님 안에서 주님이 주시는 능력으로 우리는 행복할 수 있습니다. 주님 안에서 주님으로 말미암아 행복하시길 바랍니다.

세네카 행복론이 주는 교훈

아리스토텔레스가 알렉산더 대왕의 스승이라면 세네카는 네로 황제의 스승입니다. 세네카는 로마에서 자랐습니다. 그는 인문학, 변론술, 웅변술 그리고 철학을 공부했습니다. 늦은 나이에 정계에 입문하지만, 왕의 미움을 받아 코르시카섬에서 8년간 유배 생활을 합니다. 8년간 유배를 마치고 돌아온 세네카는 자기 의지와 상관없이 황제 클라우디우스 양아들 네로의 가정교사가 됩니다. 이 인연으로 네로가 황제에 즉위하자 왕의 통치를 돕습니다. 그는 네로의 폭정을 반대하다 관직에서 쫓겨나 독서와 집필에 몰두합니다.

네로 폭정에 반대했던 세네카는 황제의 미움을 받다가 네로의 암살 계획에 연루되었다는 모함을 받습니다. 황제 네로는 옛 스승 세네카에게 즉시 자결하라고 명령합니다. 세네카는 자신의 제자 네로의 명을 받고 스스로 생을 마감합니다. 비운의 주인공 세네카는 키케로와 함께 로마를 대표하는 철인입니다. 그가 남긴 행복론은 곧 살펴볼 어거스틴의 행복론과 더불어 로마 시대 양대 행복론입니다. 물론 세네카 행복론은 어거스틴 행복론과는 상당한 차이가 있습니다. 세네카 행복론을 정리합니다.

첫째 세네카는 올바른 기대가 행복의 지름길이라고 봅니다. 세네카는 행복을 위해 정확한 목표 설정이 필요하다고 주장합니다. 세네카는 소소한 만족과 기쁨을 통한 행복을 목표로 정하라고 합니다. 세네카는 황홀한 쾌락의 절정이 행복을 주는 것이 아니라 일상 삶에서 누리는 만족, 보람 그리고 기쁨이 행복을 준다고 가르칩니다. 그러므로 쾌락이 아닌 삶의 소소한 만족, 보람 그리고 작은 기쁨을 기대하는 것이 행복을 누리는 지혜입니다.

둘째 세네카는 이성의 활용으로 행복할 수 있다고 합니다. 세네카는 냉철한 철학자요 사상가였습니다. 그는 이성이 신이 주신 최선의 선물로 이성을 활용한 삶이 최고의 인생이라 했습니다. 이성을 활용해서 생각하며 살아야 행복합니다. 이성에 지배당해 의연하게 당황하지 않고" 초연하게 사는 삶이 행복한 삶입니다. 세네카의 행복은 상황이나 환경에 지배당하지 않고, 감정에 지배당하지 않는 이성적인 삶입니다.

셋째 세네카는 미덕의 실천을 행복의 진입로로 이해합니다. 아리스토텔레스 행복론과 흡사합니다. 세네카는 진정으로 행복하려고 하면 미덕을 앞장세우고 쾌락은 따라오게 하라고 가르칩니다. 미덕이 있는 만큼 행복하게 된다는 것이라고 말합니다. 그에 의하면 미덕이 없는 인생은 아무리 많은 소유와 권력을 자랑해도 미개인이요 야만인의 삶이요, 미덕이 없는 삶은 금수와 같은 삶입니다. 미덕이 없는 삶은 불행한 삶입니다. 우리식으로 말하면 사랑과 선행의 실천이 행복의 조건입니다.

넷째 세네카는 물질에 대한 자유가 행복의 조건이라고 생각합니다. 세네카는 욕망의 관리를 말합니다. 행복을 바라는 사람은 물질에 대한 욕망이 지나치지 않아야 합니다. 재산을 거부하라는 것이 아니라 재물을 다스려야 합니다. 그는 특히 재산으로 미덕을 실천할 지혜가 필요하다고 주장합니다. 세네카에 의하면 부의 노예가 아닌 부의 주인이 되어야 행복합니다. 부유함은 선이 아니지만 지혜로운 부유함은 선과 미덕을 위한 통로입니다.

　세네카의 행복론을 간단히 정리하는 것은 불가능합니다. 깊은 사변을 통해서 숙성된 그의 행복관은 지금 읽어도 상당한 수준입니다. 그러나 사도바울과 동시대를 살았던 세네카의 행복론은 아쉬움이 많습니다. 세네카의 행복은 땅의 행복을 말하고 바울의 행복은 하늘 행복입니다. 세네카의 행복이 찰나적 행복이라면 바울의 행복은 영원한 행복입니다.

　세네카의 깊은 사색에 근거한 행복론은 성령님의 감동으로 정리된 바울의 행복론과 비교할 수 없습니다. 원수도 삶의 불편함도 고통도 극복한 바울은 이렇게 외칩니다. 그러면 무엇이뇨? 전파되는 것은 그리스도니 나는 기뻐(행복)하고 기뻐(행복)하리라(빌1:18).

'실패한 행복 찾기, 아우구스티누스의 행복학 (1)

　서양의 스승이라 일컬어지는 아우구스티누스 생애와 사상은 서양 학문에 큰 영향을 끼쳤습니다. 아우구스티누스는 고대철학과 중세철학의 교두보입니다. 또 그는 서양 철학의 두 주류인 헬레니즘과 헤브라이즘을 종합한 기독교 최고의 학자입니다. 하버드대 철학 교수 화이트헤드(Whitedhead) 박사는 "현대의 모든 철학은 플라톤의 주석이고, 현대의 모든 신학은 어거스틴의 주석"이라 했습니다. 이처럼 그는 탁월한 신학자입니다.

히포의 주교로, 신학자로, 사상가로, 저술가로, 교회 행정가로 그리고 철학자로 뚜렷한 발자취를 남긴 아우구스티누스는 행복학을 정립한 행복학자입니다. 아우구스티누스는 33년간의 방황을 마치고 예수 안에서 참 행복과 만족을 발견합니다. 그때 쓴 책이 〈행복학(De Beata Vita)〉입니다. 아우구스티누스의 '행복학'은 회심 후 세례받기 전 카시키아쿰 별장에 머물면서 사랑하는 어머니와 가까운 사람들과 나눈 대화를 정리한 대화록입니다.

아우구스티누스에 관한 연구들이 방대하게 이루어져 왔지만, 그의 행복론에 대해서는 간과됐습니다. 심지어 아우구스티누스의 행복학은 다소 생경합니다. 그러나 그의 사상과 삶을 좀 더 자세히 살피면 그에게 행복이라는 주제가 얼마나 중요한 주제인가를 알게 됩니다. 남서울대 문시영 교수는 행복이 아우구스티누스의 모든 저작의 핵심 주제라고 설명하면서 인식론, 존재론, 악론, 그리고 역사철학에 이르기까지 행복이라는 주제가 아우구스티누스 철학을 관통하고 있다고 주장합니다.

아우구스티누스는 33세에 하나님 안에서 참 행복을 발견하기까지 '헛된 행복 찾기'에 인생을 탕진합니다. 젊은 날에 아우구스티누스는 자신의 행복을 찾아서 열심히 도전했었습니다. 그런데 하나님 없는 행복추구가 얼마나 위험하고 무서운 것인가를 하나님을 만나면서 스스로 깨닫게 됩니다. 그래서 '하나님 안에서의 행복'을 가까운 이웃들과 나누면서 그 대화록 '행복론(De Beata Vita)'을 남깁니다. 그가 하나님 안에서 참 행복을 발견하기 이전의 시행착오를 정리해 보면 이렇습니다.

첫째 육체적 타락입니다. 아우구스티누스는 17세에 가출을 하고 이름도 모르는 한 젊은 여성과 동거를 합니다. 이 여인과 14년간 동거를 하면서 육체적 쾌락에 탐닉합니다. 이 기간에 사생자 '아데오다투스'를 얻습니다. 아데오다투스가 어린 나이에 죽는데, 아이가 죽을 때까지 아우구스티누스가 돌보았다고 전해집니다. 결과적으로 아우구스티누스의 육체적 탐닉을 통한 '행복 찾기'는 처절하게 실패합니다. 이 방황은 하나님을 만나며 정리됩니다.

둘째 철학적 탐닉입니다. 아우구스티누스는 키케로의 호르텐시우스를 읽습니다. 내용은 철학을 권장하는 책이었는데 아우구스티누스는 이 책을 읽고 철학을 통한 행복에 몰입합니다. 그러나 철학지식은 행복의 그림자를 보여주며 행복을 더 갈망하게 하지만 행복으로 안내하지 못합니다. 아우구스티누스는 또 신플라톤주의에 심취합니다. 신플라톤주의는 물질을 악하게 봅니다. 신플라톤주의는 플라톤 사상에 종교적 색채를 가미한 것입니다. 아우구스티누스는 신플라톤주의를 통해 철학적 행복을 찾아보지만 실패합니다. 그런데 아이러니하게도 아우구스티누스는 이 신플라톤주의 철학의 영향으로 하나님을 향한 영적 순례를 시작합니다.

셋째 신앙적 방황입니다. 아우구스티누스는 마니교 이신론에 빠집니다. 이교도로서의 아우구스티누스는 지상의 존재를 사랑하게 되고, 감각적인 데에 빠집니다. 그런데 자신이 씨름했던 악과 고통, 과학과 합리성에 관한 정답인 줄 믿고 전심으로 추종했던 마니교를 떠납니다. 당시 마니교 최고 지성 밀레비스의 파우스트를 만난 후 아우구스티누스는 마니교 허상을 발견합니다. 아우구스티누스에 의하면 마니교 감독은 실망스럽기 짝이 없었습니다. 고작 몇 권의 책을 읽고 타고난 입담으로 지적 허세를 부렸던 것입니다.

젊은 날 아우구스티누스의 '행복 찾기' 실패가 '하나님 안에서 행복'으로 인도하는 통로가 됩니다. 하나님 밖에서의 행복 찾기는 그를 방황과 좌절로 이끌고 인생을 탕진하게 하였습니다. 그러나 그 실패가 그를 절박하게 했고 하나님 안에서의 참 행복을 찾게 하였던 것입니다.

'행복의 원천', 아우구스티누스 행복학 (2)

아우구스티누스는 평생 행복을 중심으로 살았습니다. 그는 소년 시절부터 행복을 찾아 방황하였습니다. 그가 33세에 소위 진리의 항구에 도달할 때까지 그의 목마른 방황은 처절했습니다. 그래서 아우구스티누스의 철학은 단순한 이론적 논리 체계가 아닙니다. 실제적이고 실존적인 영혼의 만족과 평안, 즉 영적 행복을 향한 목마른 여행이었습니다.

아우구스티누스에게 행복은 삶의 궁극적 질문이었습니

다. 그에게 행복은 철학의 정점이요, 신학의 중심주제였습니다. 프랑스 철학자인 질송(E. Gilsong)은 아우구스티누스의 사상에서 가장 중요한 것은 행복의 개념이라고 역설하였습니다. 중세철학의 대가인 질송 박사가 본 아우구스티누스는 행복을 찾다가 행복을 발견하고 행복을 누리고 행복을 전파한 사람이었습니다.

아우구스티누스에게 행복은 철학적 사유의 대상이 아니었습니다. 삶의 실천적 과제였고 신앙의 열매였고 하나님을 향한 헌신이었습니다. 그는 하나님을 만나면서 행복을 찾았습니다. 하나님을 닮아가는 거룩한 삶에서 그의 행복은 강화되었습니다. 아우구스티누스의 신학은 하나님 안에서 누리는 행복의 발견과 그 행복의 강화를 위한 과정이었습니다.

아우구스티누스 철학과 신학에서 행복이 중요한 이유를 정리하면 이렇습니다. 첫째, 행복이 그의 인생 숙제였기 때문입니다. 아우구스티누스 일생은 궁극적 행복을 찾는 순례자의 삶이었습니다. 시행착오도 많았습니다. 그의 방황, 그의 학문 그리고 그의 경건의 끝은 행복의 항구에 도달한 것이었습니다. 하나님 안에서 행복을 누리면서 그의 모든 방황은 끝났습니다.

   그는 자신이 행복을 갈망했던 것처럼 모든 사람이 행복을 갈망한다고 주장했습니다. 아우구스티누스는 '행복추구'를 필연적이고 보편적인 인간의 희망이라고 말합니다. 그는 '당신이 전쟁하는가?'라고 묻거나 '당신이 사업하기를 원하는가?'라고 묻는다면 대답은 "예"도 있고 "아니오"도 있을 수 있습니다. 그러나 "당신은 행복하기를 원하는가?"라는 질문에 모든 사람은 "예"라고 대답한다고 말합니다. 아우구스티누스는 '행복 찾기'라는 모든 인생의 숙제를 발견했습니다. 행복이 일생의 과업으로 중요한 주제였습니다.

   둘째로 아우구스티누스 자신이 행복을 발견한 축복을 누렸기 때문입니다. 행복을 찾아 헤매던 그는 33세에 행복을 찾습니다. 하나님을 만남으로 완성된 그의 행복 찾기는 그의 삶의 전환점이 됩니다. 그는 행복 찾기는 결국 하나님 찾기라는 것을 확신하게 됩니다. 발견한 행복을 나누고 싶은 열정을 아우구스티누스는 숨기지 못합니다.

   그래서 아우구스티누스의 신학은 자신이 찾은 행복을 전

하는 통로였습니다. 그는 자신이 하나님을 만나고 진정한 행복을 찾고 보니 행복을 찾을 때보다 더 행복의 중요성을 더 실감합니다. 행복의 비밀을 전하고 싶은 마음이 간절했습니다. 386년 8월에 회심한 아우구스티누스는 386년 9월에 카시키아쿰에서 자신이 사랑했던 사람들과 행복에 관한 대화를 나누며 자신의 삶을 나눕니다. 그 대화를 정리한 대화록이 행복론(De Beata Vita)입니다. 자신이 발견한 행복을 전하려고 행복을 강조합니다.

셋째 아우구스티누스는 행복의 본질을 알았습니다. 아우구스티누스는 모든 인생은 행복을 추구하지만 '유한한 인간은 도무지 행복을 누릴 수가 없다'라고 주장합니다. 인간의 궁극적 행복은 오직 하나님께만 있습니다. 유한한 인간이 영원한 창조주 하나님을 만나고 경험할 때에 영원한 행복을 누릴 수 있습니다. 유한한 피조물인 인간이 영원한 창조주 하나님을 만나 하나님과 교제하며 살아갈 때 영원을 맛보며 행복을 누릴 수가 있는 것입니다.

아우구스티누스는 사람이 살아가는 것이 위대한 것이 아니라 행복하게 사는 것이 위대한 것이라고 주장합니다. 그리하고 하나님의 자녀들이 행복하게 사는 것이 하나님의 창조 목적을 이루는 삶이요 하나님 앞에서 사명을 다하는 삶을 사는 것이라고 보는 것입니다. 그러므로 행복한 삶은 인간의 희망사항이자 하나님이 인간에 부여하는 사명입니다. 하나님은 우리들의 행복을 위해서 우리들을 창조하시고 '생육하고 번성하라(행복하라)'라고 복을 주셨습니다. 하나님은 우리의 구원과 우리의 행복(풍성한 삶)을 위해서 그 아들 예수를 세상에 보내 주셨습니다. 하나님 백성들은 행복해야 합니다.

LET'S BE HAPPY TOGETHER

크리스천은 행복해야 합니다!

구약에 나타난 행복어 연구: 아셀(Ashel)

신약 행복어 연구 카라($χαρά$)와 카이로($χαίρω$)

신약에 나타난 행복어 연구: 마카리오스

성도가 행복한 삶에 유리한 이유

여호와 앞에서 행복하라!

성도의 행복 원천은 하나님

하나님이 주신 행복 재료들

교회여! 행복을 회복하라!

교회와 성도여 행복을 누려라!

제2부 · 크리스천 행복론

크리스천은 행복해야 합니다!

지금까지 인류는 행복을 원했지만, 행복을 위한 구체적 노력은 미흡했습니다. 인류는 늘 행복을 추구했지만 막연했고, 주먹구구식이었고 행복을 위한 노력이 과학적이지도 체계적이지 못했습니다. 최근 행복학(Happiology)이 등장해서 관심을 받습니다. 그러나 아직 노력과 연구가 미흡합니다.

행복학이 큰 주목을 못 받는 이유가 행복의 정의가 너무 다양하다는 것입니다. 행복에 대한 정의는 강약각색입니다.

고대 로마의 바르르(Varre)는 로마 사회에 288개의 행복 개념이 있다고 했습니다. 바바라 키퍼라는 사람은 일생 자신에게 행복을 주는 요소를 정리하였는데 행복을 14,000가지로 정리했습니다. 현대 행복학의 공헌은 행복의 개념을 정리한 것입니다.

행복에는 중요한 요소가 있습니다. 학자마다 의견이 다양하지만, 기본적인 합의는 세 가지의 삶, 즉 '기쁨이 있는 삶(Pleasant life)', '의미가 있는 삶(Meaningful life)' 그리고 '발전이 있는 삶(Productive life)'이 행복한 삶이라고 합니다. 삶의 기쁨, 삶의 보람, 삶의 발전은 모든 인생이 추구하지만 쉽게 달성할 수 있는 것이 아닙니다.

행복학자들은 이 행복의 요소들이 행복에 필요하다고 말합니다. 이런 행복의 요소를 한꺼번에 누릴 수 있는 현장이 신앙생활입니다. 성경에서 기쁨이 있는 삶을 가르칩니다. 성경에서 가치가 있는 삶을 살라고 가르칩니다. 성경은 우리가 계속 성장해야 한다고 가르칩니다.

사실 신앙생활을 잘하면 행복합니다. 신앙인은 자연스럽

게 행복한 삶을 살 수 있습니다. 그리고 신앙인은 행복한 삶을 살아야 할 의무가 있습니다. 성도의 행복한 삶은 하나님의 명령입니다. 그런데 종종 성도는 행복한 삶을 추구하면 안된다는 생각을 가진 신앙인을 만납니다. 성도가 '행복을 추구하는 것이 이기적이고 불(不) 경건한 것이다'라고 생각하는 신앙인이 많다는 것을 발견했습니다. 그들은 목사나 성도가 행복을 지나치게 강조하는 것을 불편해했습니다. 행복을 오해하고 하나님 뜻을 오해하는 것이라 믿습니다.

단언컨대 하나님은 우리의 행복을 원하고 바라십니다! 하나님께서는 자신의 자녀들이 영원한 행복을 누리기를 원하십니다. 에덴동산은 기쁨이 충만한 낙원(樂園; Garden of Joy, Garden of Happiness)이었습니다. 실낙원은 그 행복과 기쁨을 잃어버린 것입니다. 구원은 기쁨과 행복의 회복입니다. 예수님은 이 행복의 회복을 위해 오셨습니다. 예수님은 "내가 온 것은 양으로 생명을 얻게 하고 더 풍성히 얻게 하려는 것이라(요10:10)"라고 했습니다. 여기서 풍성한 삶은 행복한 삶이라고 번역해도 전혀 무리가 없습니다.

성공회 지도자였던 롸일은 '성도의 행복이 하나님께 중

요한 일'이라고 말했고, 위대한 설교가 스펄존(Spurgeon)은 "예수님은 우리의 회복을 위해 오셨는데 우리 행복을 회복하려고 오셨다"라고 했습니다. 팀 켈러(Tim Keller)목사는 "현대 그리스도인은 복음의 적용을 위한 깊은 묵상이 부족합니다. 복음의 적용이 부족한 부분이 성도 행복입니다"라고 했습니다. 하나님과 관계가 회복되고 천국 소망을 회복한 사람은 영원한 행복을 누립니다.

성경은 거듭해서 "기뻐하라!" 혹은 "즐거워하라!"라고 명령하며 행복한 삶을 살라고 강조합니다. 구약은 모세오경(레위기 신명기)에서 기뻐하고 즐거워하라고 거듭 강조하고, 시편 기자도 기쁨의 의무를 명령합니다. 선지자들(학개, 예레미야, 이사야, 스가랴 등등)이 강조합니다. 예수님도 기뻐하고 즐거워하라(마5:12), 바울도 거듭해서 "기뻐하라(빌2:18, 빌3:1, 빌4:4, 고전13:11, 살전 5:16)!"라고 부탁합니다.

건강한 성도는 기쁨이 있습니다. 그리고 성도는 기뻐하고 즐거워해야 합니다. 이것은 하나님의 명령이고 성도는 순종해야 합니다. 기뻐할 수 없는 상황에도 기뻐해야 하는 것이 성도의 의무입니다. 물론, 이 기쁨은 재미(Fun)나 쾌락

(Pleasure)이 아닌 생산성과 도덕성이 있는 기쁨(Joy)입니다. 하나님은 성도의 행복한 삶을 원하십니다. 성경은 "주안에서 항상 행복하라! 내가 다시 말하노니 주안에서 행복하라(필자번역/빌4:4)!"라고 말씀하십니다. 이런 말씀이 성경에 반복되고 있음을 주목해야 합니다.

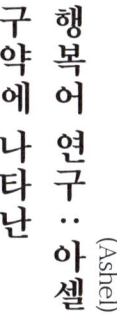

행복어 연구 : 아셀(Asher)
구약에 나타난

'성경은 행복학 교과서'입니다. 이렇게 말할 수 있는 몇 가지 이유가 있습니다. 우선 성경이 하나님 백성들의 행복한 삶을 다루기 때문입니다. 성경은 하나님 백성들이 창세기1장 28의 축복(하나님이 그들에게 복을 주시며 하나님이 그들에게 이르시되 생육하고 번성하여 땅에 충만하라, 땅을 정복하라, 바다의 물고기와 하늘의 새와 땅에 움직이는 모든 생물을 다스리라 하시니라)을 누리는 삶을 지향합니다. 불순종으로 잃어버린 창 1:28의 축복을 회복하여 참된 행복을 누리는 삶을 살게 하는 것이 성경의 주제입니다.

'성경이 행복 교과서다'라는 말의 두 번째 이유는 성경에 수많은 행복 관련어를 가지고 참된 행복을 전하고 있습니다. 성경에 나타난 행복 관련어는 "기뻐하라!" "즐거워하라!" "감사하라!" "복 받은" "복 있는" "복" 등의 핵심어와 그 파생어들로 1천칠백여 회에서 2천여 회 등장한다고 합니다.

'성경이 행복 교과서다'라는 말의 세 번째 이유는 성경이 기록된 히브리어와 헬라어가 행복을 설명하기에 적합한 언어들이기 때문입니다. 구약의 히브리어는 행복을 표현하기에 가장 좋은 언어로 정평이 나 있습니다. 히브리 민족은 하나님이 주시는 행복을 가르치고 누리고 배우는 민족이었습니다. 신약의 헬라어는 찬란한 헬라문명에서 다듬어졌습니다. 수많은 철학자의 행복 연구결과로 헬라어는 행복어가 풍성합니다.

신구약에 나타난 행복 관련어들을 살펴보고 성경에서 말하는 행복의 개념을 찾아 살펴보려고 합니다. '아셀'이라는 말은 창세기 30장 13절에 처음 등장합니다. 레아가 자신의 몸종인 실바가 또 아들을 낳았을 때 "레아가 이르되 기쁘도다. 모든 딸이 나를 기쁜 자라 하리로다 하고 그의 이름을 아셀이라 하였더라" 합니다. 야곱의 8번째 아들이 아셀입니다. 개역 개정 성경 각주에서 아셀을 기쁨으로 설명합니다.

구약 성경 곳곳에 등장하는 '아셀'은 하나님의 복을 누리는 상태를 설명하며 다양한 의미를 보여 줍니다. 시84:5("주께 힘을 얻고 그 마음에 시온의 대로가 있는 자는 복이 있나이다!")에서 '복이 있는 (Blessed)'이가 아셀입니다. 잠29:18(율법을 지키는 자는 복이 있느니라)이나 욥5:17(하나님의 징계를 받은 자에게는 복이 있나니)도 '복이 있는'이 '아셀'입니다.

랜디 알콘(Randy Alcorn) 박사는 위의 구절들에 등장하는 아셀은 "복있는(Blessed)"으로 번역되는 것보다는 "행복한(Happy)"으로 번역하는 것이 더 적합하다고 말합니다. 실제로 영어 성경 중에는 '행복한(happy)'으로 번역한 성경이 많습니다. 아셀은 하나님의 복을 통해서는 누리는 행복을 의미합니다. 구약 성경에 등장하는 '아셀'의 행복을 정리합니다.

'아셀'의 첫 번째 행복은 하나님의 구원을 받는 행복입니다. 신33:29은 이스라엘 백성을 행복한 사람들이라고 선언합니다. 하나님의 구원을 받아 하나님의 보호를 받는 이스라엘 백성들의 삶을 평가하는 선언입니다. 여기서 "행복자여!"가 히브리어로 '아셀'입니다. 이 구절의 아셀을 흠정역(KJV)을 포함한 여러 영어 성경들은 Happy라고 번역하고 있습니다. 성경이 말하는 행복의 근원은 구원받은 것입니다. 구원받아 하나님의 백성이 된 것이 가장 크고 가장 근본적인 행복입니다.

'아셀'의 두 번째 행복은 하나님께 보호받는 행복입니다. 시편 34편 8절은 "너희는 여호와의 선하심을 맛보아 알지어다. 그에게 피하는 자는 복이 있도다!"라고 말씀합니다. 여기서 "복이 있다(Blessed)"라는 말이 히브리어 '아셀'입니다. 여호와께 피하여 여호와의 선하심을 경험한 사람이 행복합니다. 하나님 품에 안겨 하나님의 보호를 경험할 때 행복합니다.

'아셀'의 세 번째 행복은 하나님 징계를 수용하는 행복입니다. 잠언3:12~13 "대저 여호와께서 사랑하시는 자를 징계하시기를 마치 아비가 그 기뻐하는 아들을 징계함같이 하시느니라. 지혜를 얻은 자와 명철을 얻은 자가 복이 있나니"라고 하십니다. 성경은 징계가 하나님 사랑이라고 말씀합니다. 특히 히브리서는 하나님 징계가 없으면 하나님 자녀가 아닙니다. 신앙인은 하나님 징계를 수용함으로 고통의 날에도 행복합니다. 하나님의 징계로 당하는 고통 중에 하나님 사랑을 느끼는 행복이 '아셀'의 행복입니다.

요컨대 아셀의 행복은 하나님의 자녀로 누리는 행복입니다. 구원받아 하나님의 자녀가 됨을 확인할 때 행복합니다. 하나님 자녀로 하나님의 보호를 받을 때 누리는 행복입니다. 하나님의 자녀로 하나님의 징계를 받고 하나님의 사랑을 깨달을 때 행복합니다.

카라와 카이로 (χαρά) (χαίρω)
신약 행복어 연구

성경은 행복학 교과서입니다. 성경은 행복을 선포합니다. 신약과 구약에는 행복어가 많습니다. 신약에 자주 등장하는 카라(Χαρα)와 카이로(Χαίρω)도 중요한 행복어입니다. 이 두 단어는 큰 기쁨을 표현합니다. '카라'는 큰 기쁨 혹은 큰 행복이란 의미입니다. 카이로는 '크게 기뻐하다'의 의미입니다. 카라와 카이로는 기쁘고 즐거운 감정의 종합적이고 포괄적인 표현입니다. 이 두 단어는 신약 성경에서 합해서 150회 정도 등장합니다.

이 두 단어와 어근이 같은 말이 카리스(χάρις:은혜)입니다. 카리스(은혜)는 하나님의 일방적이고 특별한 사랑을 의미합니다. 하나님 백성들이 누리는 절대 기쁨과 행복을 표현하는 카라나 카이로는 하나님의 은혜로 말미암은 기쁨이자 행복입니다.

이 카라와 카이로가 동시에 등장하는 곳이 사도행전 8장입니다. 행8:8절은 "그 성에 큰 기쁨이 있더라 (There was great joy in that city)"라고 말씀합니다. 빌립집사와 그의 동료들이 환란을 피해 도망갔던 사마리아에서 복음을 전했더니 큰 기쁨이 사마리아에 임한 것이었습니다. 사마리아에 임한 이 큰 기쁨(πολλη Χαρα)은 지극하고 넘치는 행복을 의미합니다. 8장 39절에 카이로(Χαίρω)가 등장합니다. "내시는 기쁘게 길을 가므로 그를 다시 보지 못하니라 (the eunuch did not see him again, but went on his way rejoicing)" 여기서 "기쁘게"가 '행복하게' 혹은 '기쁘고 즐겁게'입니다.

카라와 카이로가 담아내는 행복은 나름대로 기준이 있습니다. 그것은 주님으로 말미암은 기쁨이요 행복입니다. 주님과 함께하는 삶에서 누리는 기쁨과 행복입니다. 이 기쁨이 표현된 상황을 중심으로 정리하면 행복어 "카라와 카이로가 전하는 행복은 다음과 같습니다.

첫째 카라와 카이로는 주님이 오심으로 누리는 행복입니다. 누가복음 1장과 2장에 기쁨의 표현이 여러 번 등장하고 있습니다. 1장 14절, 44절, 58절 그리고 2장 10절입니다. 모두 예수님 탄생을 기뻐하는 사람들의 반응입니다. 예수님 오심을 기뻐하는 사람들이 누리는 포괄적인 기쁨과 행복을 표현합니다. 주님 오심을 기뻐하는 사람들의 행복이 두 단어로 표현됩니다. 예수님이 오실 때 행복이 있고, 예수님이 계신 마음에 행복이 있습니다.

둘째 카라와 카이로는 주님이 주셔서 누리는 행복입니다. 행복의 기원자가 주님이라는 것입니다. 우리가 기쁨과 행복을 누릴 때 종종 행복의 기원이나 행복을 주신 분에 대하여 망각할 때가 많습니다. 좀 더 심하게 얘기하면 행복과 기쁨의 이유도 모른 채 기쁨과 행복을 누리는 경우가 있습니다.

요한복음 15장 11절에서 "내가 이것을 너희에게 이름은 내 기쁨이 너희 안에 있어 너희 기쁨을 충만하게 하려 함이라

(These things have I spoken unto you, that my joy might remain in you, and that your joy might be full.)"라고 말씀합니다. 이 말씀은 우리가 누리는 참된 기쁨과 행복을 예수님께서 주심을 말씀합니다. 우리의 기쁨과 행복 근원이 예수 그리스도이심을 분명히 말씀하고 있습니다.

주님은 우리의 행복을 원하셔서 기쁨과 행복을 주십니다. 아울러 주신 기쁨과 행복이 충만하게 하시는 분입니다. 충만한 행복, 충만한 기쁨은 행복으로 가득한 상태를 표현합니다. 이는 성령충만한 성도의 감정 상태입니다. 이 행복충만한 상태를 주님이 기뻐하십니다. 우리 주님은 우리들이 이렇게 행복이 충만한 상태가 되기를 강력하게 원하십니다. 건강한 성도는 행복충만한 사람입니다. 충만한 행복으로 하나님을 기쁘시게 하는 성도가 되어야 합니다.

셋째 카라와 카이로는 주님과 교제함으로 얻는 행복입니다. 눅19장에 보면 세리 삭개오가 행복하게 예수님을 영접하는 장면이 나옵니다. 삭개오가 누린 행복이 주님과 교제하며 누리는 행복입니다. 예수님의 임재하심이 행복의 근원이라고 성경은 거듭해서 말씀하십니다. 행복이 없는 이유는 주님이 계시지 않기 때문입니다. 주님이 함께하는 심령은 참다운 행복을 누릴 수밖에 없습니다. 주님과 긴밀히 교제함으로 큰 행복을 누리는 삶이 되기를 바랍니다.

신약에 나타난 행복어 연구 ·· 마카리오스

성경적인 행복을 말하면 산상수훈의 8복을 말하지 않을 수가 없습니다. 산상수훈의 8복은 신앙인들이 하나님의 복을 누리는 비결을 설명합니다. 이때 사용되는 헬라어가 (μακάριος)마카리오스입니다. 영어 성경에서는 '복있는(Blessed)'으로 번역되었습니다. 그런데 많은 신약 신학자들과 설교가들이 마카리오스를 "행복한(Happy)"이라고 번역해야 옳다고 주장합니다.

윌리엄 헨드릭슨(William Hendricken)박사는 예수님께서 산상수훈 8복에서 말씀하신 마카리오스 즉 복있는 이라는 말은 가장 고상한 행복을 표현하는 단어라고 설명합니다. 현존하는 미국의 목회자 중에서 가장 크신 분이 존 파이퍼(John Piper) 목사입니다. 존 파이퍼 목사는 '마카리오스는 행복한 이라고 번역하는 것이 단어의 개념과 문맥에 맞다'라고 말합니다.

워런 위어스비(Warren Wiersbe)박사는 댈러스 제일 침례교회를 목회했던 탁월한 강해 설교가입니다. 워런 위어스비(Warren Wiersbe)박사는 "마카리오스는 예수님의 말씀을 들었던 청중들에게 굉장한 의미를 주었을 것이다. 그들에게 마카리오스는 거룩한 기쁨, 혹은 완전한 행복을 의미했을 것이다."라고 말합니다. 워런 위어스비는 복 받은 삶은 완전한 행복을 누리는 삶이라고 주장하는 것입니다.

학자요 설교가였던 켐벨 몰간(G. Campbell Morgan)은 우리는 '복받은(Blessed) 삶'을 '행복한(Happy) 삶'으로 번역할 용기가 필요하다고 주장합니다. 미국 로스앤젤레스 근교에서 그레이스(Grace)교회를 목회하시는 존 맥아더 (John

MacAthur) 목사님은 복있는(마카리오스)는 행복한(Happy) 혹은 진정 행복한(Blissful) 혹은 운이 좋은(Fortunate) 것으로 번역해야 옳다고 주장하고 있습니다.

우리는 여기서 하나님께서는 주시는 복이 결국 '완전한 행복' 혹은 '차원 높은 행복'이라는 것을 기억해야 합니다. 예수님께서 8복에서 말씀하시는 것은 영원하고 본질적인 행복입니다. 그렇습니다. 8복의 메시지는 하나님 백성들의 '행복'입니다. 세상은 '부와 권세가 있어야 행복하다'라고 하지만 예수님께서는 하나님을 구하는 것이 행복이라고 말씀합니다.

산상수훈 8복에서 말하는 마카리오스의 행복을 간략하게 정리해 봅니다. 첫째로 예수님께서는 자신을 따르는 사람들이 행복하기를 원하셨습니다. 예수님 사역(선포, 교육, 치유)의 목적이 예수님을 따르는 사람의 행복이었다는 것을 알아야 합니다. 예수님은 지금도 우리가 행복하기를 원하십니다. 예수님은 우리가 행복한 모습을 보기 원하십니다.

둘째로 8복에 등장하는 마카리오스의 행복은 천국의 행복입니다. 천국 시민이 누리는 행복, 즉 천국의 기쁨(Heavenly Joy)을 묘사하고 있습니다. 그러므로 이 행복은 천국 시민들이 누리는 행복입니다. 성숙한 성도들이 누리는 차원 높은 행복입니다. 이 행복은 천국의 원리와 기준을 가진 사람들이 누릴 수 있는 행복입니다.

셋째로 8복에 등장하는 마카리오스의 행복은 역설적 행복입니다. 세상의 통상적 행복이나 만족과는 상당한 거리가 있습니다. 애통하는 자가 행복하다고 합니다. 마음이 가난한 사람이 행복하다고 합니다. 세상에서는 이런 사람들을 패배자로 멸시하지만, 천국은 이런 사람을 행복한 사람으로 인정하고 존중합니다. 기독교 공동체도 같은 기준을 가져야 합니다.

넷째로 8복에 등장하는 마카리오스의 행복은 내면적인 행복입니다. 세상의 외적인 요소 즉, 부, 권세, 외모 등등이 아닌 내적인 요소 즉, 마음, 태도, 그리고 영혼(심령)에 주목합니다. 이것은 그리스도인의 행복 기준이 달라야 한다는 것입니다. 아울러 진정한 행복을 누리려면 우리의 지향점이 달라야 한다는 것을 의미합니다.

8복은 예수님께서 천국 시민이 누릴 행복을 가르치시는 것입니다. 가난하고 고난받는 삶을 살면서도 천국 시민의 삶을 사모하는 군중들에게 천국 시민이 누리는 행복을 소개하고 있습니다. 믿음으로 사는 것이 진정한 행복의 길로 나아가는 길임을 강조하고 있습니다.

유리한 이유
성도가 행복한 삶에

'성경은 행복학 교과서'입니다. 성경에는 수많은 행복의 원리들이 담겨 있습니다. 성경은 우리의 행복을 몹시도 원하시는 하나님께서 우리에게 행복의 비결을 알려 주시는 책입니다. 하나님은 우리보다 우리 행복을 더 원하십니다. 하나님은 우리의 행복을 위해서 온갖 축복과 은혜를 주셨습니다.

나아가 하나님은 우리 행복을 위해서 희생하셨습니다. 하나님께서는 우리들의 영원한 행복(영생)을 위하여 자기 아들을 죽게 하셨습니다. 하나님은 우리의 행복한 삶을 위해서 성령님도 보내 주셨습니다. 하나님께서는 우리들의 행복을 위해서 많은 축복과 은혜들을 주셨습니다.

성경은 궁극적으로 우리 행복을 원하시는 하나님의 마음을 담고 있습니다. 성경의 규례와 명령 그리고 권면이 하나같이 우리의 행복을 위한 하나님의 지혜요 권면입니다. 그런데 이런 성경의 가르침들을 잔소리로 이해하거나 인간들의 행복과 상관없는 하나님의 유익, 즉 하나님의 영광만을 위한 것들로 이해하는 경향이 있습니다. 안타까운 일입니다.

성경의 가르침과 규칙들이 약간 까다롭고 어려워도 궁극적으로 우리들의 행복을 위한 안내임을 믿고 긍정적으로 수용해야 합니다. 이 마음가짐이 성경적 행복을 누리는 지름길입니다. 이것은 마치 전자제품의 사용설명서가 난해해도 그 사용설명서대로 사용해야 전자제품을 효과적으로 오래 사용할 수 있는 것과 같은 이치입니다. 행복하려면 행복 교과서인 성경에 순종해야 합니다. 조금은 까다롭고 불편해도 매뉴얼대로 사용해야 문제가 없는 것처럼 성경이 말하는 행복의 길을 따라야 참 행복을 찾을 수 있습니다.

이런 점에서 그리스도인들은 성경 말씀을 따라 살면서 참 행복을 누려야 합니다. 성도들이 행복해야 할 이유는 많습니다. 첫째, 성도들이 행복해야 할 이유는 하나님 명령입니다. 행복한 삶이 하나님께 순종하는 삶입니다. 성도의 행복은 하나님 명령에 순종하는 것입니다. 성경에는 '기뻐하라!' '즐거워하라!'라는 명령으로 가득합니다. 성도는 이 명령들을 지켜야 합니다. 이 하나님의 명령들에 순종하려면 성도들은 반드시 기쁨의 삶을 살면서 행복해야 합니다. 성도의 행복지수는 성도의 순종지수와 비례합니다.

둘째, 성도들이 행복해야 할 이유는 온전한 회복을 위해서입니다. 구원은 하나님의 백성들이 에덴동산의 관계와 영성을 회복하게 하는 것입니다. 즉, 타락 이전의 상태로 돌아가게 하는 것입니다. 타락 이전 에덴동산에서 아담은 하나님과 소통하며 참된 자유를 구가하였습니다. 창세기 1장 28에서 선포하신 하나님의 복을 누렸습니다.

그런데 인류가 죄지음으로 하나님과의 관계와 행복을 상실했습니다. 구원은 상실한 관계와 행복의 회복입니다. 구원받은 성도들이 영원한 생명을 누리는 것이 참된 행복입니다.

하나님과 풍성한 관계를 누리는 것이 행복이요 성숙입니다. 성도의 행복은 하나님의 복을 풍성히 누리는 것입니다.

셋째, 성도가 행복해야 할 이유는 복음증거를 위해서입니다. 성도의 행복은 불신자에게 주는 천국 초청장입니다. 성도들이 행복하면 전도가 자연스럽게 이루어집니다. 성도들은 자신의 행복을 전도의 통로로 보아야 합니다(Christians must see their Happiness as alley to spread the Gospel).

위대한 설교가 존 스펄존은 '행복한 성도의 삶이 믿지 않는 사람들에게 매력적이어야 합니다.'라고 말했습니다. 스펄존의 설교를 분석한 학자들에 의하면 스펄존은 설교 중에 행복(Happiness) 혹은 행복한 (Happy)라는 말이 23000회 정도 사용되었다고 전해집니다. 그는 성도의 행복한 삶이 가장 효과적인 전도지라고 강조하였습니다.

성도들은 행복해야 합니다. 하나님 아버지께서 행복을 원하시고, 행복을 보장하십니다. 하나님께서 하나님 자녀들에게 행복의 조건들을 풍성하게 주셨습니다. 유명한 성결교 부흥사 이성봉 목사님은 "태평양의 고래가 목말라 죽는다면 누구의 책임일까요?"라고 물으며 풍성한 하나님 은혜를 누리지 못하는 성도들을 질타했습니다. 이 질타는 불행한 성도들에게도 같이 적용됩니다. 태평양의 물처럼 많은 행복의 조건들을 갖고도 행복하지 못한 성도들이 있다면 불행한 일입니다. 성경을 믿고 따르는 성도들은 행복해야 합니다.

행복하라!
여호와 앞에서

저의 아들과 딸은 미국 동부에 살고 있습니다. 서부에 사는 부모와 떨어져서 자신들의 삶을 가꾸어 가고 있습니다. 아이들은 비교적 성실하게 자신들의 삶을 살고 있고, 슬기롭게 자신들의 미래를 열어가고 있습니다. 필자는 아이들과 매일 소통합니다. 거의 매일 어제를 정리하고 내일을 계획하는 대화를 나눕니다. 일견 시시하고 사소한 일상의 나눔입니다. 그러나 이렇게 일상을 나누는 것이 필자에게 매우 중요한 일입니다. 아이들도 바쁘고 필자도 바쁘지만, 하루에도 몇 번씩 가족 대화방에서 만납니다.

매일 아이들과 소통하며 그들이 신나고 즐겁게 살아가는 모습을 보는 것은 아버지의 행복입니다. 자녀들의 힘찬 삶을 보면서 대견하고, 부럽고, 행복합니다. 사실 녀석들의 행복과 불행이 저의 행복과 불행을 좌우합니다. 아이들이 행복하면 저도 행복합니다. 아이들이 힘들어하고 어려워하면 제 마음도 어렵습니다. 부모의 소원은 자녀의 행복입니다.

마찬가지로 하나님 아버지께서도 하나님의 자녀들이 행복하기를 원하십니다. 하나님 백성들을 축복하시고 은혜를 주시는 목적이 하나님 자녀들인 우리가 행복하게 살라는 것입니다. 그래서 우리 하나님께서는 하나님 백성들의 기쁘고 즐거운 삶을 거듭거듭 강조하십니다.

레위기 23장에서 하나님께서는 성회로 모일 여호와의 절기들을 말씀하십니다. 하나님께서는 이스라엘 백성들이 지켜야 할 3대 절기 즉, 유월절, 초실절(오순절) 그리고 초막절을 지키는 법을 소개하십니다. 그리고 이 절기들을 지키는 중요한 원칙을 말씀하십니다.

여호와의 절기를 지키는 중요한 원칙이 무엇일까요? 레위기 23장 40절에서 말씀하십니다. 여호와 앞에서 즐거워하는 것입니다. 하나님께서는 "너희의 하나님 여호와 앞에서 즐거워할 것이라"고 명령하십니다. 절기를 바로 지키기 위해서 하나님의 백성들은 여호와 앞에서 즐거워해야 합니다.

토지 첫 소산물을 감사드리는 초실절, 노예에서 해방의 기쁨을 감사하는 유월절, 수확들을 감사하는 초막절 등 모든 절기는 '기쁨'이 필요합니다. 하나님 백성들에게 '하나님 앞에서 기뻐하라!'라고 하십니다. 그런데 여기서 중요한 것은 '하나님 앞에서' 기뻐하며 즐거워하는 것입니다.

하나님 앞에서 기뻐하는 것은 몇 가지 의미가 있습니다. 먼저, '하나님 앞에서 누리는 기쁨'은 하나님 백성이 누릴 기쁨의 질을 규정합니다. 하나님 앞에서 누릴 수 있는 건강한 기쁨이어야 합니다. 하나님 앞에서 누리는 기쁨은 하나님이 인정하실만한 기쁨이어야 합니다.

둘째로 '하나님 앞에서 누리는 기쁨'은 하나님 백성이 누리는 기쁨의 목적을 설명합니다. 이는 하나님의 백성이 누리는 기쁨은 우리의 즐거움이나 만족이 아닌 하나님께 드리는 기쁨이어야 합니다. 하나님 백성들이 하나님 앞에서 누리는 기쁨은 하나님을 위한 기쁨입니다.

셋째로 '하나님 앞에서 누리는 기쁨'은 기쁨의 공간을 규정합니다. 우리 기쁨은 하나님 앞에 있습니다. 먼저 성전에서 누리는 기쁨을 의미합니다. 그러나 더 중요한 것은 우리가 늘 하나님 앞에 있다는 것입니다. 우리는 하나님 앞에서 살고, 하나님 앞에서 기쁨을 누립니다.

넷째로 '하나님 앞에서 누리는 기쁨'은 기쁨의 원천을 규정합니다. 하나님이 주시는 기쁨입니다. 성도는 하나님이 주시는 기쁨을 누리는 영성이 필요합니다. 하나님께서 주시는 기쁨이 참 기쁨입니다. 하나님께서 주시는 기쁨을 기쁨으로 아는 것이 참된 성숙입니다.

하나님 백성들은 하나님 앞에서 기뻐해야 합니다. 받은 은혜와 축복에 감사하며 또 받을 축복과 은혜에 감사하며 기뻐하는 것입니다. 하나님의 백성들은 하나님의 성전에서 기쁨과 즐거움을 누리고, 예배 시간이 기쁨과 즐거움의 시간이 되어야 합니다. 여호와 하나님 앞에 기쁨과 즐거움으로 누리는 것은 성도의 의무이자 특권입니다.

원천은 하나님
성도의 행복

구약 신학자인 브렌트 스트론(Brent Strawn) 박사는 성경에서 나타나는 하나님은 행복한 하나님이라고 주장합니다. 성경에 처음으로 나타나는 하나님은 창세기에 창조하시는 하나님입니다. 스트론 박사는 하나님은 창조의 매듭마다 스스로 "하나님은 행복했다(보시기에 좋았더라)!"라고 선언하는 것을 주목합니다. 행복한 하나님의 모습입니다.

스트론 박사는 하나님 행복 DNA가 하나님께서 창조하신 모든 피조물에 담겨 있다고 주장합니다. 그러니 피조물에 최고인 사람은 당연히 하나님의 행복 DNA를 갖고 있다고 합니다. 만약 하나님께서 행복하시지 않으시면 우리에게 나눠 주실 행복도 없을 것입니다. 그런데 성경 곳곳에서 나타나시는 하나님은 행복하신 하나님이십니다.

거룩한 삶(Godly life)은 "하나님을 닮는 삶"입니다. 하나님께서 행복하지 않으시다면 거룩한 성도는 행복을 추구하지 말아야 합니다. 그러나 만약 하나님께서 행복하시다면 성도는 하나님을 본받기 위해 행복해야 합니다. 스트론 박사의 주장처럼 성경에서 만나는 하나님은 행복한 하나님이십니다.

성경에서 보여 주시는 하나님은 하나님의 백성인 우리를 인하여 행복해하시는 분이십니다. 선지자 스바냐는 우리 하나님은 우리 때문에 기쁨을 주체하시지 못하는 하나님을 소개합니다. "너의 하나님 여호와가 너의 가운데에 계시니 그는 구원을 베푸실 전능자이시라 그가 너로 말미암아 기쁨을 이기지 못하시며 너를 잠잠히 사랑하시며 너로 말미암아 즐거이 부르며 기뻐하시리라 하리라(습3:17)."

성경 수백 개의 구절에서 하나님의 기쁨이 다양하게 묘사되고 있습니다. 그런데 우리는 오랫동안 하나님의 행복감을 도외시했습니다. 신학자들과 목회자들이 오랫동안 다양한 하나님의 행복에 대한 묘사들 즉, 하나님의 유쾌함(delight), 즐거움(pleasure), 그리고 기쁨(joy) 등등을 애써 외면했습니다. 그리고 종종 비성경적인 표현으로 성도들의 기쁨과 행복을 막아 왔습니다. 대표적으로 "하나님은 우리를 행복이 아닌 거룩함을 위해 부르셨습니다"라는 식의 표현입니다.

그런데 이 점에서 예외가 되는 사람이 요한 웨슬레입니다. 그는 설교와 저작(글)에서 행복이라는 표현을 많이 사용한 신학자요 설교자입니다. 요한 웨슬레는 많은 경우에 "행복"이라는 표현 대신에 "거룩"이라는 표현을 사용해도 큰 문제가 없다고 합니다.

한국 감리교 신학대학 김진두 박사가 얼마 전에 웨슬리의 일기, 편지, 설교, 에세이, 논문, 초기회의록에서 60가지 주제를 뽑아 정리하여 책을 출판했습니다. 그 책 이름이 〈웨슬리 행복론〉입니다. 그는 웨슬리 신학에 나타난 온전한 행복에 이르는 길을 안내합니다. 그의 책 표지에 다음과 같은 근사한 문장이 있습니다. "그리스도인이면서 불행하다는 것은 불가능하다. 기독교는 행복이기 때문이다!"

하나님의 행복이나 성도의 행복에 대한 획기적인 개념을 주창한 사람이 존 파이퍼(John Stephen Piper) 목사입니다. 그는 성도의 기쁨과 행복에 관한 중요한 책들 즉 〈하나님을 기뻐하라〉, 〈하나님의 기쁨〉을 펴냈습니다. 그는 성숙한 성도들이 누리는 참된 기쁨을 소개하고 있습니다. 그가 남침례신학대학원(Southern Baptist Theological Seminary) 채플에서 신학생과 신학교 교수 및 교직원을 대상으로 설교하며 거룩한 기쁨을 선포하면 신학교 캠퍼스 구석구석에 "거룩한 기쁨(Holy Joy)"이 한동안 충만했던 것을 기억합니다. 백발을 흔들면서 "기뻐하라(Rejoice)! 주안에서 기뻐하라!"라고 외치던 존 파이퍼 목사의 모습을 아직도 생생하게 기억합니다.

존 파이퍼 목사는 스스로 기독교 희락 주의자(Christian Hedonist)라고 합니다. 기독교 희락 주의란 성도가 하나님 안에서 행복할 때 하나님께서 영화롭게 되시며, 인간이 하나님을 즐거움으로 추구할 때 인간의 크고 영원한 행복을 누릴 수 있다고 주장합니다. 이런 견지에서 저도 기독교 희락 주의자입니다. 성도는 하나님 안에서 행복해야 합니다.

하나님께서 우리 기쁨과 행복의 원천이십니다. 하나님께서 행복의 원천이라면 하나님의 자녀인 우리는 행복해야 합니다. 아니 행복한 하나님의 자녀는 불행할 수 없습니다. 혹시 행복하지 못하다면 하나님의 행복을 본받는 성도의 행복을 추구해야 마땅합니다. 하나님의 행복을 누리는 사람이 참된 성도입니다.

하나님이 주신 행복 재료들

　팔순 노모님이 고향을 지키십니다. 어머님은 교회생활도 열심히 하시고 담임 목사님을 진심으로 존경하고 섬기는 좋은 성도입니다. 신앙생활을 잘 하시려고 애쓰는 신앙인입니다. 친구들도 계셔서 즐겁게 사십니다. 하지만 고령의 어머님이 늘 걱정입니다. 매일 어머님 안부도 여쭙고 기도 제목도 드리고 필자의 안녕을 어머님께 알려 드립니다. 출장 등으로 통화를 못 할 때는 형제 카톡방에 저의 상황을 알리고 어머님께 전해드리라고 요청합니다.

어머님은 몸과 맘이 많이 약하십니다. 고령인 데다 고단한 삶 때문에 무릎과 허리가 약하시고, 다섯 아들을 챙기시느라 맘도 편할 날이 별로 없습니다. 수화기 너머로 들리는 목소리로 어머님 건강과 마음의 상태를 짐작할 수 있습니다. 어머님은 자신의 상태를 숨기려 하시지만 쉽게 알아차립니다. 어머님 불편을 감지한 날엔 그 불편의 해소가 통화의 주제입니다.

통화할 때마다 어머님의 심기가 불편하지 않도록 배려합니다. 이역만리에 있는 아들이 어머님 맘의 평안을 위해 할 수 있는 것은 지극히 제한적입니다. 그래서 저의 행복한 삶을 자랑하며 어머님 마음을 기쁘시게 해드리려고 노력합니다. 저는 어머님께 기쁨을 드리기 위해서 저의 건강, 손자 손녀들의 행복, 온 가족의 화목을 자랑합니다. 우리의 행복 소식을 전해드리면 어머님의 행복이 들려집니다. 어머님의 행복을 느끼면서 저도 행복해집니다. 카톡으로 통화하면서 어머님을 행복하게 해드릴 재료들을 생각합니다. 어머님 행복 재료는 우리들의 건강, 만족, 감사 행복입니다.

하나님께서는 그의 백성들의 행복을 위해 행복재료들을 주셨습니다. 하나님 백성들의 행복을 위하여 주신 것들이 신구약 성경에 가득합니다. 행복재료들이 풍성합니다. 우리들의 행복을 위해 하나님께서 주신 제도들을 살펴봅니다. 우리들의 행복을 위하여 주신 제도들입니다.

우리의 행복을 위해 허락하신 제도 중 첫째가 결혼입니다. 성경은 곳곳에서 결혼식을 기쁨의 장소로 설명합니다. 또 성경은 결혼의 즐거움을 보장합니다. 이스라엘은 끊임없이 전쟁했고 전쟁에서 싸울 군인들이 늘 필요했습니다, 그래서 이스라엘 젊은이들은 군대에 가야 했었습니다.

그러나 성경은 새신랑의 징집면제를 말씀합니다. 신명기 24장 5절을 보면 "사람이 새로이 아내를 맞이하였으면 그를 군대로 내보내지 말 것이요. 그가 맞이한 아내를 즐겁게 할지니라!" 새신랑과 그의 아내의 행복을 위해 군 복무에서 면제되어야 한다고 말합니다. 행복한 결혼생활이 성경적입니다.

우리 행복을 위하여 주신 제도 중에 둘째는 잔치입니다.

성경에는 잔치가 많이 등장합니다. 레위기는 이스라엘 백성들의 경건한 삶을 위한 제사 제도들을 설명합니다. 그런데 7대 절기들은 모두 제사인데 다시 보면 모두 잔치입니다. 복음서도 잔치를 강조합니다. 예수님은 하나님의 기쁨을 설명하면서 잔치를 언급합니다. 기쁨이 잔치로 표현되는 것에 주목해야 합니다.

성경은 잔치를 말하면서 즐기라고 명령합니다. 진정한 잔치는 더불어 즐기는 것입니다. 성경이 가르치는 잔치는 폭이 좀 더 넓습니다. 가족들과 가까운 이웃은 물론 가난하고 어려운 사람들과 더불어 즐기는 것이 잔치에 대한 성경의 교훈입니다. 아울러 잔치를 일주일 내내 즐기라고 합니다. 성도는 잔치와 같은 삶을 살아야 합니다. 잔치의 행복을 누려야 합니다.

우리들의 행복을 위하여 주신 제도 중 세 번째는 예배입니다. 우리는 예배가 하나님의 기쁨을 위하여 고안된 것으로 생각하는 경향이 있습니다. 그러나 예배는 하나님께서 우리의 기쁨을 위하여 정하신 제도임을 신명기 12장에서 분명히 밝히고 있습니다.

신명기 12장은 새로운 땅에서 우상들을 제하고 새로운 제사를 드리게 하십니다. 번제를 포함한 여러 제사를 드리는 가장 중요한 원칙이 '기쁨으로 즐거이 드리라'라는 것입니다. 특히 7절을 보면 하나님 앞에서 예배(제사)를 드리면서 함께 하는 모든 사람과 기뻐하라고 가르칩니다. 예배에 대한 중요한 명령어는 "함께 먹으라!" "함께 즐거워하라!"입니다. 예배자들은 하나님의 존전에서 기쁨을 누리는 것이 예배라는 것을 잊지 말아야 합니다.

하나님께서는 하나님의 자녀들이 행복하기를 원하십니다. 자녀들의 행복을 위해서 하나님께서는 많은 것들을 주셨습니다. 하나님의 자녀들이 하나님께서 주신 행복재료들로 하나님 앞에서 행복한 삶을 사는 것이 하나님을 향한 예배요 하나님을 섬기는 것이라는 사실을 명심해야 합니다.

교회여! 행복을 회복하라!

　20세기 최고의 과학자는 아인슈타인 박사라는데 이견(異見)이 없을 것입니다. 노벨 물리학상 수상자인 그는 수학과 과학 분야에서 천재였습니다. 그렇다면 20세기 최고의 인문학자는 누구일까요? 저는 이태리 블로냐 대학 교수를 지낸 움베르토 에코라고 주장합니다.

　움베르토 에코는 기호학자, 철학자, 역사학자, 중세학자, 그리고 미학자입니다. 각 분야에 괄목할만한 업적을 남겼습니다. 움베르토 에코는 천재적인 두뇌로 유명합니다. 9개 언어를 능통하게 구사했고, 명예박사 학위를 40개 받았습니다. 아울러 그가 근무했던 블로냐 대학 도서관의 모든 장서 위치를 기억했었다고 전해집니다. 그의 천재성은 놀라울 정도입니다.

움베르토 에코는 동화책을 제외하면 인문학 전 분야에 저작을 남긴 탁월한 학자였습니다. 기호학, 철학, 역사학, 중세사 등등 다양한 분야에서 학계의 주목을 받는 책들을 저술한 보기 드문 학자입니다만 그는 문학계에서도 큰 주목을 받는 유명한 소설가입니다. 소설가로 입문과정도 독특합니다. 우연히 출판사에 근무하는 친구로부터 출판사에서 비소설가의 소설작품을 출판하려 한다는 소식을 듣고 소설을 집필합니다. 그는 2년 반의 집필 끝에 첫 번째 장편소설 〈장미의 이름〉을 발표했습니다. 세계적인 베스트셀러가 되고 영화화된 작품입니다. 그의 문학적 천재성이 드러난 작품입니다.

소설 〈장미의 이름〉은 1327년 11월의 이탈리아 산속 외딴 수도원에서 벌어지는 일련의 살인 사건을 다룹니다. 전직 이단 심판관이었던 영국 수도사 윌리엄은 연쇄살인사건을 수

사해달라는 요청을 받고 이 수도원에서 머물며 사건을 수사합니다. 영민한 윌리엄은 사건을 차근차근 풀어 갑니다.

집요한 수사를 통해 윌리엄은 결국 호르헤라는 늙은 맹인 수도사가 저지른 살인 사건이라는 것을 밝혀냅니다. 도서관장인 호르헤의 살인 방법은 기쁨의 유익을 소개하는 아리스토텔레스의 '시학 2권'의 모든 페이지에 독약을 묻혀 놓아 책장을 넘기는 사람들은 자연스럽게 독약에 중독돼서 죽게 했습니다. 그 책은 양피지로 딱딱하고 두꺼워서 읽을 때 엄지와 검지에 침을 묻혀서 책장을 넘겨야 했습니다.

진리는 웃음과 같은 경박한 것으로 더럽혀지면 안 된다는 중세 교회의 가르침을 지키기 위해 호르헤는 잔인한 살인을 아무 죄책감 없이 자행했습니다. 사회의 분위기가 점차 경건함과 거리가 먼 방향으로 흘러가자 위기를 느끼고 기쁨의 유익과 웃음의 유익을 소개하는 아리스토텔레스의 시학 제2권의 교훈을 세상 밖으로 나가지 못하게 막고자 한 것이었습니다.

진리를 지켜야 한다는 호르헤 열심은 광기로 변해 뻔뻔한 살인자가 됩니다. 경건의 배신입니다. 경건의 곡해입니다. 자신의 범죄 사실이 밝혀지자 호르헤는 그 책을 삼키려 합니다. 윌리엄이 이를 필사적으로 막으려 했고 호르헤는 도서관을 불질러 당대 최고 도서관이었던 수도원 도서관, 그 장서들, 그리고 수도원을 불태웁니다.

방대한 자료 수집과 열정의 독서로 중세를 정확하게 이해했던 움베르토 에코 박사는 '장미의 이름'을 통해 중세교회가 가진 독선과 모순 그리고 악행들을 고발합니다. 아울러 중세교회가 행복을 멸시한 것을 고발합니다. 움베르토 에코가 의도했건 의도하지 않았건 그의 〈장미의 이름〉은 행복과 기쁨을 멸시했던 중세교회를 고발하고 있습니다.

중세교회는 경건이라는 이름으로 성도와 교회의 "기쁨과 행복"을 짓밟아 버렸습니다. 중세교회는 행복을 의도적으로 죄악시했습니다. 종교개혁 후에도, 심지어 현대 교회도 행복을 무시하고 있습니다. 추구하지 말고 거룩을 추구해야 한다며 애써 행복을 외면하려 합니다. 성도가 거룩한 삶을 살면 행복합니다. 성도가 행복한 삶을 살려면 거룩해집니다. 그러나 성도는 행복해야 합니다. 행복이 경건입니다.

성도의 행복은 하나님의 뜻입니다. 성경에서 주님은 거듭 '항상 기뻐하라!'고 명령하고 있습니다. 성경에 나타난 하나님은 행복하신(기쁘신) 하나님이십니다. 행복하신 하나님의 형상대로 지음을 받은 우리 인생도 행복해야 합니다. 그리스도인이 구원받고 성령충만하여 하나님의 형상을 회복하면 행복합니다. 성숙한 성도는 믿음의 분량만큼 크고 풍성한 행복을 누리는 것이 성경의 가르침입니다.

LET'S BE HAPPY TOGETHER

- 반드시 행복해야 합니다!
- 행복하려면 감사의 역량을 계발하라!
- 감사 편지를 쓰자!
- 행복을 위해 미소 지으라!
- 품격 있는 미소와 행복!
- 행복을 위해 파안대소하라!
- 행복하려면 칭찬하세요!!
- 칭찬 샤워의 힘을 활용하라!
- 행복하려면 친절을 실천하라!
- 친절의 유익!
- "자기"라는 정원을 가꿔라!
- "자기"를 가꾸면 행복이 자랍니다!
- "인생을 낙관하라!!"
- 낙관적 사고를 훈련하라!
- "행복하려면 몰입하라!"
- 역경지수를 길러라!
- 실패에서 배우라!
- 실패 활용법
- 위로하고 위로받아라!
- 위로의 능력
- 위로 노하우(Know-how)
- 용서로 만드는 행복!
- 행복으로 가는 용서의 의미
- 도전하는 삶이 행복합니다!
- 도전의 아름다움!
- 격려로 행복을 만들자!
- 격려는 행복 공장
- 고통을 이기고 누리는 행복

행복한 삶을 위한 실천사항

제3부 · 생활 속 행복 노하우

반드시 행복해야 합니다!

 유사 이래 인류는 늘 행복을 추구했습니다. 헬라철학의 거장 아리스토텔레스의 중요한 철학적 주제가 행복이었다는 것은 잘 알려진 사실입니다. 헬라철학은 헬라철학자들의 표현대로 삶의 기술(Art of living)이었습니다. 그들에게 철학이란 행복한(가치 있는) 삶을 위한 기술이었습니다. 그들은 행복을 연구하며 일생을 보낸 사람들입니다.

 로마 시대 상당히 번창했던 상업 도시 폼페이는 A.D.79년에 갑자기 사라졌습니다. 당시에 폭발한 베수비오 화산의 화산재에 파묻혀 버렸습니다. 약 2만에서 5만 명의 인구를 자랑했던 폼페이시가 하루아침에 사라졌습니다. 최근 폼페이시의 유적이 발굴되어 그 당시 생활상을 엿볼 수 있습니다. 그 폼페이시 어느 빵집에 걸렸던 액자가 화제가 되고 있습니다. 그 액자에 담긴 라틴어는 "이 집에 행복이 살고 있다!"입니다. 고대 로마인들이 행복을 추구했다는 증거입니다.

문명의 발전은 행복을 향한 인류 노력의 산물입니다. 인류는 철학, 경제학, 의학, 문학, 그리고 심리학 등으로 끊임없이 행복을 탐구했습니다. 행복에 대한 갈망이 있었습니다. 하지만 속 시원하게 행복을 달성한 경우가 흔치 않습니다.

그런데 행복을 이룬 사람들이 있습니다. 영국의 〈슬라우 행복 만들기〉나 〈행복한 호주 만들기 프로젝트〉가 대표적인 경우입니다. 행복한 호주 만들기 프로젝트는 이 프로젝트가 지난 2010년에 호주 ABC TV전파를 타고 온 세상에 전해졌습니다. '행복한 호주 만들기' 프로그램이 호주 전체를 행복하게 만들었습니다. 이 프로그램의 결과로 호주는 OECD

국가 중에 3년 연속 행복지수가 1위인 나라가 되었습니다.

이 프로젝트를 주관한 전문가 그룹은 호주 시드니 지역에서 행복지수가 가장 낮은 매릭빌(Marrickville)에 사는 여덟 사람을 선정하였습니다. 문화적 배경, 직업, 연령, 결혼, 자녀 등등의 조건이 다른 비교적 불행한 사람들이었습니다. 이 여덟 사람은 8주간 동안 계획된 활동을 하였습니다.

이 계획된 활동들은 긍정심리학에서 행복을 고양하는 활동들로 검증된 활동들이었습니다. 예컨대 친절 베풀기, 감사 편지쓰기, 용서 실천하기, 모르는 사람과 소통하기, 격한 감정 극복하기 등등입니다. 참가자들에게 이런 일들을 실천하게 했습니다.

이 프로젝트 전후에 여덟 명의 실험 대상자들은 뇌 스캔, 심리 검사, 타액 검사, 운동과 생활방식 분석 등등을 통한 총체적인 생리검사를 했습니다. 검사 결과는 대단했습니다. 심리적인 행복감은 말할 것도 없고 생리적으로 면역력, 수면패턴, 체력개선 등등에서 놀라운 효과가 나타났습니다.

실험 대상자 8명이 8주 안에 굳어진 생활방식과 습관, 사고방식을 개선하는 과정은 절대 쉽지 않았지만 놀라운 변화가 있었습니다. 프로젝트 전에 대상자들 평균 행복도는 100점 만점에 48점(호주인 평균은 70점.) 이었고, 프로그램에 참여한 지 8주째 그들의 평균 행복도는 84점이었습니다. 엄청난 변화입니다. TV 프로그램을 통해서 프로젝트에 참가했던 사람들이 120만 명이었는데 이들도 모두 행복을 경험합니다. 그들의 행복은 심리적, 생리적 검사를 통해 확연히 드러났습니다.

이 프로젝트가 남긴 교훈이 있습니다. 첫째로 우리는 반드시 행복해야 한다는 사실입니다. 행복을 통한 긍정적 효과는 아주 큽니다. 행복의 긍정적 영향이 뇌와 혈류, 행동에까지 미쳐서 사람의 몸과 마음 나아가 인생을 바꿔 놓습니다.

둘째로 행복은 우리가 모두 누릴 수 있다는 것입니다. 행복은 흘러가는 감정도 아니요, 일부 운 좋은 사람들만 누리는 혜택도 아님이 과학적으로 증명되었습니다. 행복은 노력하면 누릴 수 있습니다.

셋째로 행복은 전파된다는 것입니다. 그들의 행복으로 온 호주국민, 세계인들이 행복했습니다. 내가 행복하면 이웃이 행복합니다. 내가 행복하면 배우자와 자녀가 행복합니다. 나의 행복은 행복해야 합니다.

감사의 역량을 개발하라!
행복하려면

　미국에서 가장 유명한 토크쇼 '오프라 윈프리 쇼'의 진행자 오프라 윈프리는 굴곡진 삶을 극복한 사람으로 유명합니다. 알려진 것처럼 그녀에게는 큰 아픔이 있었습니다. 지독하게 가난한 미혼모에게 태어나 할머니 손에 자랐습니다.

　열네 살에 삼촌에게 성폭행을 당했고, 십 대에 미혼모가 되었습니다. 아이는 태어난 지 2주 만에 죽었습니다. 이런 일련의 사건들로 충격을 받아 가출하여 세상의 바닥에 뒹구는 삶을 살았습니다. 그 시절 그녀는 마약과 알코올에 의지하여 하루하루를 지옥같이 살았답니다. 그녀는 살고자 하는 의욕이 전혀 없었고 107kg의 몸매를 가진 여인이었습니다. 그녀는 인생을 거의 포기한 상태였습니다.

그랬던 그녀가 현재 전 세계 1억 4천만의 시청자를 울리고 웃기는 토크쇼의 여왕이 되었습니다. 세계를 움직이는 방송인이 되었습니다. 오프라 윈프리가 이런 변화의 삶을 살게 된 원동력은 감사일기입니다. 그녀는 세상에서 가장 바쁜 사람 중 한 명이지만 그녀는 수십 년째 하루도 빼먹지 않고 감사일기를 쓰고 있다고 합니다. 감사일기가 그녀 행복의 비밀입니다.

이 감사일기는 과학적으로 증명되었습니다. UC 데이비스의 심리학 교수인 로버트 에몬스는 "감사의 과학"이란 책에서 감사일기 효과에 관한 연구결과를 소개했습니다. 로버트 에몬스 박사는 12살에서 80살 사이의 사람들을 상대로 한 그룹에는 감사일기를 매일 쓰게 하고, 다른 그룹들에는 그냥 일기를 쓰게 했습니다. 한 달 후 중대한 차이가 나타났습니다. 감사일기를 쓴 사람들은 행복지수가 높게 나타났고, 수면, 일, 운동 등에서 더 좋은 성과를 냈습니다.

그저 감사했을 뿐인데 뇌의 화학구조와 호르몬이 변하고 신경전달물질들이 바뀐 것입니다. 감사함을 느낄 때 우리 뇌의 왼쪽 전전두엽 피질(왼쪽 앞뇌)이 활성화된다고 합니다. 그런데 이 부위는 사랑, 공감, 낙관, 열정, 활력과 같은 긍정적인 감정을 경험할 때 활성화되는 부위라고 합니다. 그는 "감사는 강력한 스트레스 완화제로서 분노나 우울, 후회, 슬픔 등 불편한 감정들을 훨씬 덜 느끼게 한다"라고 발표했습니다.

플로리다 주 마이애미대학 심리학 교수 마이클 맥클로우는 "잠깐 멈춰 서서 삶의 감사 거리를 생각하는 순간 감정 시스템은 이미 두려움에서 탈출해 아주 좋은 상태로 이동하고 있다"라고 말합니다. 그는 '감사를 느끼고 고백하는 순간 마치 승리에 도취 된 감정을 느낄 때와 유사한 감정의 선순환을 만든다.'라고 주장합니다.

미국 시카고에서 심리클리닉을 운영하는 심리학자 마르얀 트로이아니는 환자들과 상담을 하면서 불만을 제한하고 감사함을 더 표현하게 하면서 심리치료에 효과를 봤다고 보고했습니다. 그는 "감사일기는 중요한 치유의 도구가 되고 있다"라고 말했습니다.

닉 부이치치는 1982년 호주에서 팔다리가 없는 기형으로 출생했습니다. 삶이 얼마나 힘들었겠습니까? 그는 세 번씩 자살을 시도했습니다. 그런데 15살에 예수님을 구주로 영접하면서 마음과 삶이 변화되었습니다. 현재는 '희망의 아이콘'으로 세계를 움직입니다. 그는 베스트셀러 작가이자 세계적으로 인기 강사입니다. 그는 팔다리가 없는 조건 속에서도 행복하게 살고 있는데, 이는 그가 감사하는 마음을 가졌기 때문입니다.

하버드 대학교 행복학 교수 탈벤 사하르 박사는 "우리 몸에서 분비되는 엔돌핀은 암을 치료하고 통증을 해소하는 데 큰 효과가 있다. 엔돌핀은 기쁘고 즐거울 때 분비되는 호르몬이다. 그런데 이런 엔돌핀보다 4,000배의 효과가 있는 다이돌핀은 '행복 호르몬'인데 이 다이돌핀은 감동하거나 감사가 가득할 때 생성된다."라고 했습니다. 그렇습니다. 감사한 마음만 가지면 강력한 호르몬 다이돌핀과 엔돌핀으로 행복한 삶을 살 수가 있습니다.

　서양 속담은 '행복은 감사의 문으로 들어와서 불평의 문으로 나간다!'라고 가르칩니다. 우리가 겪는 모든 불행은 불평과 불만에 뿌리를 두고 있습니다. 감사하는 사람은 역경을 이겨내고 행복을 만들어 가지만, 아무리 좋은 여건에서도 만족하지 못하고 불평하는 사람은 불행한 인생을 사는 법입니다. 그래서 그리스의 철학자 아리스토텔레스는 "행복은 감사하는 사람의 것이다"라고 말했고, 인도의 시성 타고르는 "감사의 분량이 행복의 분량이다"라고 했습니다. 행복하려면 감사해야 합니다. 감사한 만큼 행복을 누립니다. 감사의 크기가 행복의 크기입니다.

감사 편지를 쓰자!

캘리포니아 주립대학교 (UC Riverside) 심리학과 교수인 소냐 류보머스키(Sonja Lyubomirsky) 박사는 세계적인 행복학 학자입니다. 25년 이상을 행복학을 연구한 그녀는 "행복은 추구하는 게 아니라 만들어 가는 것"이라고 강조합니다. 그렇습니다. 행복은 만들어 가는 것입니다. 소냐 박사는 또 "행복은 습관이기 때문에 교사나 학부모가 아동들에게 행복의 경험을 반복해서 갖도록 해주는 것이 중요하다"라고 말합니다.

소냐 박사는 '행복을 만들어 가는 일들'을 추천합니다. 예컨대 '친절한 행동 실천하기' 그리고 '감사한 일 적어보기' 또 '용서하는 편지 써보기' 등 사소하지만 행복을 조장하는 행동들을 반복하라고 추천합니다. 이런 일들을 반복적으로 실천하면 자연스레 행복감이 높아집니다. 소냐 류보머스키 박사가 행복 만들기로 추천하는 일이 감사편지 쓰기입니다. 류보머스키 박사는 "행복을 원한다면 용서의 편지 그리고 감사편지 쓰기 등 사소하지만 행복감을 줄 수 있는 활동을 규칙적이고 반복적으로 해야 한다"고 강조합니다.

감사편지 쓰기는 편지를 받는 상대방뿐만 아니라 편지를 쓰는 본인에게도 굉장히 좋은 효과가 있다는 연구결과들이 속속 나타나고 있습니다. 예를 들어, 오하이오주에 있는 켄트 주립대학교 (Kent State University)의 토퍼 박사는 학생들을 대상으로 자신의 삶에 강한 영향을 준 사람에게 감사 편지를 쓰는 프로그램을 진행했습니다. 6주 과정의 이 프로그램에서 학생들은 2주에 한 통씩 감사편지를 쓰게 했습니다.

감사편지를 쓴 학생들은 큰 행복을 느낀 것으로 파악되었습니다. 감사편지를 쓴 학생들이 삶에서 느끼는 행복의 결과를 계량화해 보니 편지를 쓴 대부분 학생이 상당한 행복감과 만족감을 느낀 것으로 나타났습니다. 그리고 참여 학생의 75%는 이 프로그램이 끝난 뒤 개인적으로 감사편지를 계속 쓰겠다는 뜻을 보였습니다.

토퍼 박사는 "이번 실험을 통해 '솔직히 감정을 드러내는 감사편지 쓰기'가 건강을 증진하며, 우울증을 감소시키고, 면역력 향상, 성적 향상 등에 큰 효과가 있음을 발견했다"라고 보고했습니다.

토퍼 박사는 "행복해지는 가장 간단하면서 가장 효과적인 방법이 바로 감사편지 쓰기"라면서 삶의 질을 높이기 위해 감사라는 놀라운 자원을 적극적으로 활용하는 방안이 감사편지라고 주장했습니다. 감사편지로 행복을 경험하면 간단하게 감사편지 쓰기를 이웃에게 전파할 수 있습니다. 그러므로 감사편지 쓰기는 행복 증진에 아주 유익한 프로그램입니다. 감사편지로 발신자 수신자 모두가 행복을 경험합니다.

감사편지의 효과를 증명하는 또 다른 실험 결과가 있습니다. 긍정심리학 창시자인 셀리그먼(Seligman) 박사는 행복하게 살 수 있는 실천적 전략 중의 하나로 '감사방문'을 제안합니다. 셀리그먼 박사가 제안하는 감사방문은 감사 편지를 들고 가는 것입니다. 감사편지를 들고 방문해서 소리 내어 감사 편지를 읽어주는 감사방문은 감동의 시간이었답니다. 감사편지를 읽으면 거의 모든 상대방이 감동의 눈물을 흘린답니다. 감사편지 수신자가 행복과 감동을 하면, 감사편지의 발신자도 큰 행복감을 느낍니다. 한 번의 수고로 자신과 이웃의 행복을 잡을 수 있는 효과적인 방법입니다.

감사편지가 우리를 행복하게 해 주는 이유는 생리학적인 관점에서도 설명이 됩니다. 감사편지는 우리들에게 즐거운 사건들을 떠올리게 해주고, 그것은 도파민과 같은 신경전달물질을 분비하게 하고, 시상하부를 자극해서 즐거운 감정을 느끼게 해줍니다.

행복학에서 말하는 가장 효과적이고 강력한 행복 누리기가 "감사"입니다. 지난 몇 번의 행복칼럼에서 '감사의 능력'에 대하여 살펴보았습니다. 그런데 감사를 효과적으로 실천하는 방안이 '감사편지 쓰기'입니다. 감사하기가 행복 만들기 첫 번째 실천 방안이라면 감사편지 쓰기는 행복 만들기

두 번째 실천 방안입니다.

 적극적으로 감사를 표현해보세요. 감사헌금 봉투에 구체적인 감사의 마음을 표현해보세요. 가까운 가족에게, 가까운 이웃 그리고 가까운 친구에게 감사의 마음을 담은 감사편지를 보내 보세요. 감사의 편지를 쓰는 순간부터 큰 행복을 누리게 될 것입니다. 지금 당장 펜을 들어 감사편지를 써 보세요. 행복이 문 앞에서 기다리고 있을 것입니다.

미소를 지으라!
행복을 위해

〈어린 왕자〉로 유명한 프랑스의 소설가 **생텍쥐페리**는 〈미소〉라는 짧은 단편을 남겼습니다. '미소'의 주인공 '나'는 전투 중에 포로가 되어 갇힙니다. '나'는 곧 처형되리라는 걸 직감하면서 극도로 예민해집니다. 불안과 공포로 견딜 수 없습니다. '나'는 호주머니를 뒤져 담배꽁초를 발견합니다. '나'는 극도의 긴장감으로 손이 떨려 담배를 입에 물기도 힘든데 겨우 입에 물고 불을 붙이려는데 불이 없습니다. 모두 **빼앗**긴 것이었습니다.

'나'는 창살 너머 간수를 바라봅니다. 간수는 눈을 마주치려고도 하지 않았지만 간수에게 부탁했습니다. "혹시 불이 있으면 빌려주세요?" 간수는 담뱃불을 붙여주기 위해 다가왔습니다. 간수가 다가와 성냥을 켜는 순간, 무심결에 간수 시선과 내 시선이 마주쳤습니다. 바로 그 순간, '나'는 나도 모르게 그를 향해 미소 지었습니다. 엉겁결에 입가에 띄워진 미소였습니다.

'나'의 미소를 보고 간수도 미소를 지었습니다. 간수는 '나'의 입에 물린 담배에 불을 붙여주고도 그 자리를 떠나지 않고 여전히 미소를 머금고 '나'의 눈을 바라보았습니다. 둘은 미소를 교환하면서 서로 적군이라는 현실 그리고 간수와 포로라는 현실을 넘는 모종의 공감을 갖게 되었습니다. 미소로 두 사람은 동등한 인간으로의 교감을 갖게 된 것이었습니다.

문득 간수가 '나'에게 물었습니다. "당신에게 자식이 있소?" "그럼요, 있습니다." '나'는 지갑을 꺼내 허둥지둥 가족사진을 보여 주었습니다. 간수도 자신의 아이들 사진을 꺼내 보여 주면서 앞으로 계획과 자식들에 대한 희망 등등을 이야기했습니다. 그의 이야기를 들으며 '나'는 자신도 모르게 눈물을 흘렸습니다. 가족들이 그리웠던 것입니다. '나'는 가족을 다시 만나지 못하게 될까 봐 두렵다고 간수에게 고백했습니다. '나'의 자식들이 성장하는 것을 지켜볼 수 없다는 현실이 너무 슬프다고 말했습니다. 이런 말을 듣고 있던 간수의 눈에도 눈물이 어른거렸습니다.

갑자기, 간수는 아무 말 없이 일어나 감옥 문을 열었습니다. 그는 소리 없이 감옥을 빠져나가 뒷길로 해서 마을 밖까지 나를 안내했습니다. 마을 끝에 이르러 그는 '나'를 풀어주었습니다. 그런 다음, 그는 한마디 말도 없이 뒤돌아서서 마을로 걸어갔습니다. 그길로 '나'는 탈출할 수 있었습니다.

생텍쥐페리는 참전한 경험이 있습니다. 단편 소설 '미소'는 자신의 경험을 바탕으로 쓴 소설이라고 합니다. 생텍쥐페리는 이 소설에서 미소를 통해 생명을 구한 것을 말하지만, 우리는 일상에서 '미소'를 통해 생명을 구합니다. 미소를 지으면 살길이 열립니다. 미소의 유익은 무궁무진합니다.

미국 하버드 대학교 연구진은 간병인의 표정이 연로한 환자들에게 어떤 영향을 미치는지 연구했습니다. 그 결과 간병인의 표정에서 "따뜻함과 관심, 이해심이 느껴질수록" 환자들이 마음의 안정을 찾고 신체와 정신의 건강이 좋아지는 것으로 드러났습니다. 하지만 간병인의 몸짓과 표정에서 냉담함이나 무관심이 느껴질 때는 반대의 결과가 나타났습니다.

연구에 의하면, 아이들은 하루에 400회 정도 웃는답니다. 나이가 들어갈수록 미소가 줄어 50대가 되면 하루에 15번~20번 정도만 웃습니다. 미소가 감소하는 만큼 불행하고 삶의 활력이 사라집니다.

인간의 뇌는 미소를 행복으로 인식한다는 것은 잘 알려진 사실입니다. 그래서 억지로 미소 지어도 심신에 유익합니다. 또 미소는 그 주변 환경에 긍정적인 영향을 줍니다. 인간의 뇌는 좀 더 미소 짓는 사람을 좀 더 신뢰하고 이런 미소 짓는 사람을 찾는 경향이 있다고 합니다. 그것은 우리의 마음이 친밀하고 행복을 전해주는 사람을 찾고자 하는 경향이 있기 때문입니다. 백화점에서 두 직원이 기다리고 있으면 고객들은 미소 짓는 판매원을 향해 다가가 말을 걸고 안내를 부탁한다고 합니다. 미소가 상대방에게 평안함을 주고 미소가 사람을 끄는 매력이 있음을 알려 주는 대목입니다.

미소가 실력입니다. 아름다운 미소는 가까운 이웃을 행복하게 하는 묘약입니다. 그러니 미소가 능력입니다. 인상이 좋다는 말은 아름답고 멋진 미소가 있다는 말입니다. 어떻게 하면 이런 근사한 미소를 지을 수 있을까요? 더 자주 더 근사한 미소를 지을 수 있는 노하우가 필요합니다. 미소 짓는 법을 소개합니다.

미소와 행복! 품격 있는

　행복학에서는 행복을 만드는 활동들을 두 종류로 나눕니다. 즉 인지적 활동(Cognitive Activities)들과 육체적 활동(Behavioral Activities)들입니다. 인지적 활동(Cognitive Activities)들은 감사하기, 참회(반성)하기, 행복한 순간 회고하기 등입니다. 육체적 활동(Behavioral Activities)들은 미소 짓기, 운동, 여행, 이웃돕기, 노래하기 그리고 춤추기 등입니다. 행복한 사람들은 이러한 두 가지 활동들을 균형 있게 실천하는 사람들입니다.

이러한 행복을 위한 활동 중에 가장 쉽고 가장 강한 행복 활동들이 있다면 감사(인지적 활동)와 미소 짓기(육체적 활동)입니다. 행복은 미소 짓게 합니다. 그런데 미소를 지으면 행복이 옵니다. 미소를 짓는 만큼 행복해집니다. 미소와 행복은 서로를 키워주는 힘입니다.

미소는 상대에게 주는 큰 선물입니다. 미소는 상대의 마음에 평안과 풍족함을 제공합니다. 나아가 미소는 자신에게 주는 큰 선물입니다. 미소를 지으면 심리적 육체적 유익이 많습니다. 미소 지으면 기쁨의 정서가 생깁니다. 미소 지으면 행복이 성큼성큼 다가옵니다.

현대사회에서 미소는 다양한 의미로 점점 더 중요해지고 있습니다. 노벨 평화상을 수상한 알버트 슈바이처 박사는 신학박사요 의사입니다. 그는 '이 세상에 해야 할 일이 있다는 사명 자각과 미소 감각이 조화를 이루면 모든 병을 물리치는 약이 된다.'고 주장하였습니다. 그는 늘 유머 정신을 품고 살았으며 식탁에서도 유머로 주변 사람들을 미소 짓게 했다고 알려집니다. 슈바이처 박사는 미소 감각을 가진 행복한 사람이었습니다. 미소 감각을 가진 사람이 자신도 행복하고 이웃도 행복하게 합니다. 우리는 미소로 행복한 인생과 행복한 세상을 만들 수 있습니다.

샌프란시스코 캘리포니아대학 명예교수 폴 에크만(Paul Ekman) 박사는 심리학자이며 감정 및 표정 연구자입니다. 폴 에크만 교수는 미소에 관한 연구를 하며 사람은 얼굴 근육 42개를 조합해 총 19종류의 웃음 혹은 미소를 만들어 낸다고 밝힙니다. 놀라운 것은 19개의 미소 중 딱 한 가지만 진짜 즐거워 웃고 나머지 18개는 가짜로 웃는 것임을 밝혀냅니다.

사람들은 광대뼈와 입술 가장자리를 연결하는 협골근과 입술 가장자리 근육인 구륜근을 웃을 때 주로 사용합니다. 그런데 진짜 웃음은 이런 근육뿐 아니라 눈 가장자리 안륜근을 사용한다는 것을 폴 에크만 박사가 밝혔습니다. 안륜근은 진짜로 웃을 때만 움직이는 근육입니다. 안륜근을 사용한 진짜 미소에 눈가 주름이 생깁니다. 눈가 주름이 행복 주름입니다.

이 행복한 자연 미소를 처음 밝혀낸 사람이 19세기 프랑스 신경심리학자 기욤 뒤센(Guillaume Duchenne)입니다. 뒤센은 사람이 활짝 웃을 때 광대뼈와 눈꼬리 근처 안륜근이 움직여서 미소를 만든다는 것을 발견했습니다. 어떤 꾸밈도 없이 진짜 기쁨에서 나오는 '자연 미소'를 뒤센 미소(Duchenne's Smile)라고 부릅니다. 이는 기쁨과 행복을 담은 미소입니다.

뒤센 미소의 반대는 팬암 미소(Pan Am Smile) 즉, 억지로 웃는 미소입니다. 과거 팬 아메리칸 월드 에어웨이(Pan American World Airway) 항공사 승무원들이 전형적으로 보여준 서비스 미소(가짜 미소)를 빗댄 표현입니다. 승무원들이 친절하게 보이려고 얼굴 아랫부분 근육만을 이용해서 입가만 살짝 들어 올리고 웃는 억지 미소입니다. 항공사 승무원뿐만 아니라 서비스업에 종사하는 사람들은 종종 억지 미소인 팬암 미소를 짓습니다.

흥미로운 실험이 있습니다. 1960년대 UC 버클리대학교 여자 졸업생 140명을 30년 동안 추적했습니다. 먼저 사진을 보았습니다. 사진 중에 환하게 웃는 '뒤센(Duchenne) 미소'의 학생도 있었고 인위적인 미소의 학생도 있었습니다. 사진의 주인공들이 각각 27세, 43세, 52세가 되는 해에 인터뷰해서 그들의 삶을 분석했습니다. 결과는 참으로 놀랍습니다. 뒤센미소를 지었던 학생들이 인위적 미소를 지었던 학생들에 비해 훨씬 더 건강하였고, 수명도 길었고, 결혼 생활 만족도가 훨씬 높았고 소득수준도 더 높았습니다.

미시간 주립대학교 연구팀은 긍정적 생각과 뒤센미소로 고객들에게 서비스를 제공하는 사람들은 억지로 팬암 미소로 일한 사람들에 비해 심리적인 폐해가 적다고 보고했습니다. 억지로 웃어도 뇌에서는 행복과 기쁨을 감지합니다. 그래서 팬암 미소도 유익합니다. 그러나 할 수만 있다면 뒤센 미소를 지어야 합니다. 눈가의 주름은 행복 계급장입니다. 눈가 주름을 걱정하지 말고 품격 있는 뒤센 미소로 환한 행복을 가꾸시길 바랍니다.

파안대소하라!
행복을 위해

　UCLA에서 '웃음학'을 가르쳤던 노만 카슨스((Norman Cousins) 박사가 있습니다. 그는 웃음학의 아버지입니다. 이분은 원래 언론인으로 유명한 토요 리뷰 편집인이었습니다. 그는 출장을 갔다 오다가 강직 척추염이라는 희귀병을 얻었음을 알게 됩니다. 이 병은 류마티스 관절염 일종으로 뼈와 뼈 사이에 염증이 생겨 뼈가 콘크리트같이 굳어서 죽는 병입니다.

노만 카슨스는 50세에 죽는다고 생각하니 원통했습니다. 사랑하는 아내와 딸을 두고 젊은 나이에 가야 한다고 생각하니 기가 막혔습니다. 서재를 돌아보는데 한 권의 책이 눈에 들어옵니다. 몬트리올대학의 한스 셀리(Hans Selye)박사가 쓴 〈삶의 스트레스(Stress of the Life)〉였습니다.

그 책을 펴니 '마음의 즐거움은 양약이라(Merry Heart is Good Medicine)'라는 성경이 눈길을 끌었습니다. 그는 '가장 좋은 약은 마음의 즐거움에 있구나. 나는 오늘부터 즐겁게 살아야지. 웃으며 살아야지.'라고 생각합니다. 그때부터 노만 카슨스는 웃기를 결심하고 웃기 시작합니다.

그는 부정적인 생각을 불러올 책과 방송, 부정적인 대화를 멀리했습니다. 대신 그는 희망적인 책들을 읽고, 일부러 즐거운 코미디 프로를 일부러 찾아보며 크게 웃습니다. 당시 가장 유쾌한 '몰래카메라'와 '막스 브라더스' 등을 주로 보면서 매일 배꼽 잡고 웃었습니다. 놀랍게도 많이 웃을수록 통증이 사라지고 깊이 잘 수 있었습니다.

어느 날 아침 휘었던 손가락 하나가 펴져 있었습니다. 노만 카슨스 박사는 더욱 웃었습니다. 그로부터 일 년 뒤 기적처럼 완치되었습니다. 그는 너무 신기해 하버드대학을 찾아가 웃음으로 병을 이긴 자신을 연구해볼 것을 제안했습니다. 처음에 교수들은 그를 무시했지만, 그의 거듭되는 부탁에 하버드대학은 웃음을 연구하고 웃음의 효력에 대해 놀라운 발견을 합니다.

질병이 치유된 후 카슨스 박사도 웃음과 건강에 관한 연구를 시작하였습니다. 그리고 웃음과 건강에 대해서 논문을 발표했는데 의과대학 교수들이 깜짝 놀랄 정도의 논문을 발표했다고 합니다. 카슨스는 정식으로 의과대학에 다니지 않았지만, 의과대학 교수가 되었습니다.

그는 UCLA 대학교 교수로 75세까지 웃음과 건강에 대하여 강의를 하였습니다. 그는 〈질병의 해부(Anatomy of an Illness)〉라는 책에서 "웃음은 모든 질병의 방탄조끼다."라고 했습니다. 웃음은 모든 질병을 막는 방탄복입니다. 그러므로 웃어야 합니다.

웃음의 효과를 입증한 다양한 보고들이 있습니다. 인디애나 주 메모리얼 병원 연구팀은 15초 동안 크게 웃기만 해도 엔돌핀과 면역 세포의 활성화로 수명이 이틀 동안 연장된다고 발표했습니다. 18년간 웃음의 의학적 효과를 연구해 온 리버트 박사는 웃음을 터뜨리는 사람에게서 피를 뽑아 분석해 '웃을 때 암을 유발하는 종양세포를 공격하는 "킬러 세포(killer cell)"가 많이 생성됨을 밝혔습니다.

일본 오사카 대학원 신경기능학 연구팀은 웃으면 병균을 막는 항체인 감마 인터페론의 분비가 증가해 바이러스에 대한 저항력이 향상되며 세포의 증식에도 도움이 된다는 것을 밝혔습니다. 웃음이 혈류량을 증가시켜 산소 공급을 늘려 주고, 웃으면 진통제 역할을 하는 엔도르핀, 엔케팔린, 옥시토신 같은 신경전달물질이 분비되기 때문이라고 밝힙니다.

사람의 뇌는 한번 크게 웃을 때마다 엔도르핀을 포함한 21가지 쾌감 호르몬을 쏟아낸다고 합니다. 그 중 다이돌핀이나 엔케팔린이란 호르몬은 모르핀보다 수백 배의 통증 완화 효과가 있다고 합니다. 웃을 때 쾌감 호르몬 생성으로 스트레스를 해소하고 기분을 좋게 만들어줍니다. 만병의 근원인 스트레스를 웃음으로 해결할 수 있다는 것은 놀라운 일입니다.

영국 BBC에서 제작한 다큐멘터리 'The Happiness Formula'와 'How to be happy'를 통해서 알려진 영국의 심리학자 로버트 홀덴의 연구에 따르면 1분 동안 호탕하게 웃는 것은 10분 동안 에어로빅이나 조깅 혹은 자전거를 타는 효과가 있다고 합니다. 굉장한 운동 효과입니다.

아울러 웃음은 내장 운동 효과가 있습니다. 사람이 웃을 때 마다 수백 개의 근육과 뼈와 함께 오장육부가 모두 움직이어 내장 운동 효과가 있습니다. 또한, 웃는 동안은 산소공급량이 2배로 증가해 폐도 좋아지고 혈액순환에도 큰 도움이 됩니다. 그러므로 우리는 웃어야 합니다.

칭찬하세요!! 행복하려면

　행복하려면 가까운 이웃을 칭찬해야 합니다. 칭찬받으면 행복합니다. 그러나 칭찬받는 것보다 다른 사람을 칭찬하는 것이 더 큰 행복을 준다는 것을 간과합니다. 누군가를 칭찬하는 것은 자기 자신을 행복하게 하는 일입니다. 칭찬하면 주변을 행복하게 하고 그 행복 바이러스를 통해서 더 큰 행복을 누립니다. 칭찬을 실천하는 삶이 행복을 만들어 가는 삶입니다. 행복하려면 칭찬하기를 실천해 보시길 바랍니다. 칭찬으로 만드는 행복 비밀을 간략하게 정리합니다.

〈칭찬은 고래도 춤추게 한다!〉는 책이 있습니다. 많은 사람이 읽었던 베스트 셀러였는데, 칭찬의 효과를 잘 설명하는 책입니다. 이 책에서 커다란 고래가 그 어려운 재주를 해낼 수 있는 이유를 설명합니다. 처음에는 고래가 훈련에서 실수를 많이 합니다. 그 실수를 눈감아 주고 잘 할 때마다 칭찬하고 고래가 좋아하는 먹이를 상급으로 줍니다. 이런 칭찬과 보상은 고래를 훈련하는 원동력이 되고 고래들이 그 어려운 재주들을 능수능란하게 숙달하게 합니다. 칭찬의 힘입니다.

링컨 대통령이 총탄에 맞아 서거하였습니다. 대통령이 서거하자 대통령의 유품을 정리하면서 대통령의 주머니를 보았는데, 주머니에서 손수건, 그리고 다 헤어진 신문조각이 나왔습니다. 그 신문조각은 링컨 대통령을 칭찬하는 기사였습니다. 그의 반대 세력들이 그를 조롱하고 그의 정책을 반대하며 깎아내릴 때마다, 그리고 여러 정치적 위기를 겪으며 외로울 때마다 링컨은 그 신문조각을 펼쳐 보며 위로받았던 것입니다. 링컨 대통령같이 큰 사람에게도 칭찬과 격려가 필요했습니다. 모든 사람에게 격려와 칭찬이 필요합니다.

〈나를 바꾼 한 마디〉라는 책이 있습니다. 유명인사들이 각각 인생을 바꾸게 해서 잊지 못하는 말들을 소개하는 책입니다. 이 책에 등장하는 대부분 말들이 칭찬이었습니다. 그런데 칭찬들은 주로 그들이 삶의 위기와 어려움을 경험할 때 받은 칭찬이었습니다. 잘할 때 받은 칭찬도 유익하지만 부족할 때 보내준 칭찬과 격려는 큰 힘이 있습니다. 이런 칭찬이 인생을 바꾸는 힘이 있습니다.

칭찬의 효과를 증명하는 중요한 두 가지 이론이 있습니다. 먼저는 피그말리온 효과입니다. 피그말리온 효과는 좋은 이야기를 하면 상대방에게 좋은 결과가 나온다는 것입니다. 그리스 신화에 나오는 피그말리온이 아름다운 여인상을 조각했고, 그 여인상을 마치 아내처럼 온갖 정성을 다하고 진심으로 사랑하자, 아프로디테 여신이 감동하여 여인상에 생명을 주었다는 이야기에서 유래했습니다. 진심 어린 칭찬은 고래를 춤추게 하고 조각상이 사람으로 둔갑한다는 것입니다. 칭찬에는 힘이 있습니다.

두 번째 이론은 로젠탈 효과입니다. 이는 학생들을 칭찬하면 훨씬 더 좋은 학습 효과를 만들어 낼 수 있다는 이론입니다. 로젠탈 효과는 1968년 하버드 대학교 사회심리학과 교수였던 로버트 로젠탈과 20년 이상 초등학교 교장으로 일했었던 레노어 제이콥슨이 실시한 실험의 결과로 얻은 이론입니다. 로젠탈 효과는 실험을 주도한 로젠탈 교수의 이름을 따라 명명했는데 샌프란시스코 지역에 있는 한 초등학교에서 실시했던 실험입니다.

실험과정은 다음과 같습니다. 우선, 전교생을 대상으로 지능검사를 했습니다. 둘째, 한 학급에서 20% 정도의 아이들을 지능검사 결과와는 상관없이 뽑습니다. 셋째, 그 아이들과 교사에게 성적이 좋은 아이들이라고 믿게 합니다. (무작위로 뽑은 것이기 때문에 성적이 모두 좋은 편은 아니었습니다). 넷째, 8개월 뒤 아이들을 대상으로 다시 한번 지능검사를 합니다.

실험의 결과는 놀라웠습니다. 8개월 후 지능검사의 결과 관심과 칭찬에 따라 큰 차이가 있었습니다. 성적이 좋다고 믿은 20%의 아이들이 훨씬 더 좋은 점수를 받았습니다. 머리가 좋다고 생각한 아이들은 선생님의 긍정적인 기대에 부응하고자 더 노력하였고 그 칭찬과 기대 때문에 아이들은 괄목할 만한 진보를 가져왔다는 보고입니다.

칭찬하는 사람 주변에는 사람이 많습니다. 칭찬하면 스스로 행복합니다. 칭찬하면 주변 사람을 행복하게 해서 행복 환경을 만듭니다. 칭찬하는 사람은 칭찬을 받을 가능성이 비난하는 사람들보다는 훨씬 더 많습니다. 칭찬하는 마음과 입술에서 행복이 자랍니다. 바로 지금 만나는 이웃에게 칭찬의 말을 건네 보세요! 행복의 향기가 피어오를 것입니다.

칭찬 샤워의 힘을 활용하라!

 행복하려면 칭찬해야 합니다. 비난과 비판으로 사람이 변화되지 않습니다. 그러나 칭찬과 격려는 사람을 변화시킵니다. 가까운 이웃을 칭찬함으로 긍정적인 변화를 유도하고 그 이웃을 행복하게 하고, 나 자신도 행복해지는 행복의 선순환 구조가 구축됩니다.

 아프리카에 바벰바(Babemba)족이라는 부족이 있습니다. '바벰바 족은 잠비아 북부의 고지에 사는 종족으로 반투

(Bantu)어를 사용합니다. 인구는 약 15만인데 루바제국의 후예들로서, 18세기 말 혹은 19세기 초 콩고에서 현재 지역으로 이주해온 것으로 알려집니다.

바벰바 족은 화전경작을 하면서 약 30호로 구성된 소규모 촌락을 구성한다고 합니다. 그런데 이들의 화전경작 법은 토지를 메마르게 만들기 때문에 그들은 4~5년에 한 번씩 새로운 토지로 이동한다고 알려집니다. 이들은 호전적이며, 초자연력을 믿는 부족으로 알려져 있습니다.

그런데 호전적으로 알려진 바벰바족 사회 내에서는 범죄가 거의 발생하지 않는다고 합니다. 범죄율이 너무 낮아 사회학자들과 인류학자들의 관심 대상이 되었습니다. 이 부족이 범죄율을 낮추는 비법은 '칭찬 샤워'라는 독특한 문화적 전통 때문이랍니다. 부족 중에 잘못을 저지르면 그를 마을 한복판 광장에 데려다 세운 채 마을 사람들은 일을 중단하고 남녀노소 할 것 없이 광장에 모여들어 죄인을 중심으로 큰 원을 이루어 둘러섭니다. 그리고 한 사람씩 돌아가며 큰소리로 한마디씩 외칩니다.

그 외치는 말의 내용은 죄를 지어 가운데 선 사람이 과거에 했던 좋은 일들입니다. 그의 장점, 선행, 미담들을 하나씩 열거합니다. 어린아이까지 빠짐없이 말합니다. 과장이나 농담은 일절 금지됩니다. 진지하게 모두 그를 칭찬하는 말을 해야 합니다. 이 칭찬 샤워는 독특한 법정입니다. 말하자면 판사도 검사도 없고 그를 변호하는 변호사만 수백 명 모인 법정입니다. 죄지은 사람은 비난하거나 욕하거나 책망하는 말은 결코 한마디도 해서는 안 되고 반드시 좋은 것만 말하게 되어 있습니다. 몇 시간이고 며칠이고 걸쳐서 칭찬의 말을 바닥이 나도록 다하고 나면 그때부터 축제가 벌어집니다.

실제로 이 놀라운 칭찬 폭격은 죄짓고 위축되었던 사람의 마음을 회복시켜주고 가족과 이웃의 사랑에 보답하는 생활을 하겠다는 눈물겨운 변화의 결심을 하게 만든답니다. 칭찬 세례의 강력한 효과는 이 마을에 범죄행위가 거의 없어 이런 행사를 하는 일이 극히 드물다는 사실이 증명합니다.

어린이 인성 개발 프로그램 중에 '칭찬 샤워' 프로그램이 있습니다. 한 학급의 어린이들에게 작은 쪽지를 나눠주고 학급 모든 친구의 칭찬 거리를 적어서 제출한 다음 선생님이나 사회자가 친구들의 칭찬 거리를 읽어주는 프로그램입니다. 처음에는 아이들의 어휘가 부족하여 사실만 나열하지만, 점점 인성과 인격을 칭찬하게 되어 학급의 아이들 전체의 인격 성장을 가져오는 프로그램입니다.

이 프로그램 진행에서 주의 사항은 '멋지다!' '잘 생겼다!'라는 등의 칭찬보다는 '가방을 들어 주는 모습이 좋았어!' '청소하는 모습이 멋졌어!' 등등의 행동에 대한 칭찬이 좋다는 것을 주지해야 합니다. 이 프로그램은 칭찬하는 기쁨과 칭찬받는 기쁨 체험입니다. 칭찬받는 것도 기쁘고 좋은 일이지만 칭찬하는 것도 근사한 기쁨입니다. 이 프로그램을 진행하면서 벌칙이 필요한 학생에게 학급 전체 아이들에게 각각 10가지 칭찬을 하게 하면 아주 긍정적인 벌칙 수행이 됩니다.

칭찬 샤워 프로그램의 유익함이 발견됩니다. 특히 칭찬을 주고받으면서 아이들은 공동체에 대한 소속감을 느끼고, 참가한 모든 아이의 자존감을 높이게 되고, 칭찬하는 법을 배우고 칭찬받는 법을 깨닫는 효과를 얻습니다. 특별히 존재감이 없어서 주목을 받지 못하던 아이들이 학급 전체의 아이들로부터 칭찬을 받게 되면 달라집니다.

칭찬 샤워는 칭찬을 쏟아부어 주는 것입니다. 칭찬 샤워를 어른들의 공동체에서 실험해 보면 어떨까요? 여러분의 목사님께 칭찬을 쏟아부어 주세요. 오지 선교사님들에게 칭찬을 쏟아부어 주세요. 수고하는 봉사자들에게 칭찬 샤워를 해 보세요! 자녀들에게 칭찬을 쏟아부어 주세요. 노인대학이나 장년들의 모임에서 칭찬 샤워를 해 보세요! 가정에서 칭찬 샤워를 해 보세요. 생일날에 온 가족이 모여서 칭찬 샤워를 해 보세요! 가장 좋은 생일 선물이 될 것입니다. 칭찬 샤워로 마음이 시원해지기를 바랍니다.

친절을 실천하라!
행복하려면

    수십 년 전, 미국 네바다주 사막 한복판에서 트럭을 몰고 가던 청년 멜빈 다마는 허름한 옷차림의 노인을 길에서 발견하고 차를 세웠습니다. "어디까지 가십니까? 타시죠." "고맙소, 젊은이! 나를 라스베이거스까지 태워다 줄 수 있겠소?" 어느덧 노인의 목적지에 다다르자 남루한 옷을 입은 그 노인을 노숙자라고 생각한 멜빈은 지갑을 열고 $1.00을 노인에게 주면서 "영감님, 차비에 보태 쓰세요." "참 친절한 젊은이로군. 명함 한 장 주게나." 멜빈은 무심코 명함을 주었습니다.

"아 멜빈 다마 형제! 고맙소! 이 신세는 꼭 갚겠네. 나는 하워드 휴즈라고 하네." 두 사람은 이렇게 헤어졌습니다.

그리고 한참의 세월이 흘러 멜빈 다마는 이 일을 까맣게 잊었습니다. 그런데 멜빈 다마에게 놀라운 일이 생겼습니다. "세계적인 부호 하워드 휴즈 사망" 기사와 함께 휴즈의 유언장이 공개되는데 그 유언장에 휴즈 유산의 1/16을 멜빈 다마에게 증여한다는 내용이 있었습니다. 그때 멜빈 다마를 아는 사람은 아무도 없었는데 유언장에서 휴즈는 멜빈 다마를 "일생동안 살아오면서 만났던 가장 친절한 사람"으로 소개하였습니다. 하워드 휴즈는 멜빈 다마의 친절을 일생에 가장 큰 친절로 기억하고 있었던 것입니다.

오래전 휴즈가 멜빈을 만난 그날은 휴즈가 자가용 경비행기 사고로 네바다 사막에 불시착한 날이었습니다. 엄청난 사고에서 겨우 살았지만 혼비백산했습니다. 겨우 정신을 차리고 사막을 빠져나왔던 휴즈는 절실하게 도움이 필요했습니다. 바로 그때 멜빈이 휴즈를 만나 자신의 형편에서 선을 다해 친절을 베풀어 주었습니다. 휴즈는 이런 멜빈의 친절을 평생 잊지 않았고, 그때 멜빈이 무심코 건넨 명함을 간직하다가 유언장에 남겨 놓으면서 큰 유산을 멜빈에게 남겨 놓았던 것입니다.

당시 휴즈의 유산 총액이 25억 달러 정도였답니다. 그 유산의 1/16은 최소한 1억 5천만 달러였습니다. 한화로 환산하면 대략 2천억 원이었습니다. 가난한 멜빈이 무심코 베푼 친절과 $1.00의 호의가 1억 5천만 배가 되어 되돌아온 것입니다. 멜빈 다마는 단번에 억만장자가 되었습니다. 진심으로 베푼 작은 친절과 작은 마음으로 나눈 1불의 호의가 그를 엄청난 부자로 만들었습니다.

물론 이런 이야기는 일상적인 사건은 아닙니다. 하지만 친절을 베풀면 다양한 유익이 있습니다. 친절은 상대방에게 베푸는 호의이고 자신에게 주는 선물입니다. 친절의 가장 큰 유익은 친절을 베푸는 자의 행복입니다. 친절을 베풀면 우선 자신의 마음이 흐뭇하고 행복합니다. 그 행복이 큰 기쁨을 가져오기도 하고 때로는 행운을 불러오기도 합니다.

친절이 행복과 마음의 평안을 가져온다고 하는 것은 동서고금의 진리입니다. 친절의 힘은 희랍 철학자들도 강조하였습니다. 헬라 철학자 플라톤은 "다른 사람에게 친절하고 관대한 것이 자기 마음의 평화를 유지하는 길이다. 남을 행복하게 할 수 있는 사람만이 행복할 수 있다."라고 했습니다.

다른 사람을 돕는다든지 양보한다든지 등의 친절한 작은 행동 하나로 우리는 그 어느 때보다 행복해질 수 있습니다. 영국 옥스포드대학교 및 본머스 대학교의 연구진은 이와 관련된 과학 문헌의 체계적인 검토를 실시했는데요. 바로 '친절과 행복의 상관관계'에 대해 조사한 400편의 논문을 분석한 것입니다. 그리고 '다른 이에게 친절을 베풀면 행복해진다'라는 주장을 정확하게 표현한 21편의 논문을 확인했습니다. 그 후 연구진은 이러한 이전 연구들의 결론을 통계적으로 결합하는 연구를 했습니다. 이 연구로 다른 사람에게 친절을 베푸는 행동은 우리의 행복에 결정적인 영향을 미친다는 것을 확인했습니다.

이 연구를 이끌었던 옥스퍼드 대학교 인지 및 진화 인류학 연구소 올리버 스캇 커리 박사는 "인간은 사회적 동물이기에 모든 가족, 친구, 동료, 이웃 심지어 낯선 사람까지 돕는 친절한 행동으로 행복을 느낀다. 사람들이 다른 사람들의 필요에 따라 그들을 도움으로써 만족감을 느끼는 것에 대해 다시 한번 더 확인하였고 다른 사람에게 베푸는 친절이 새로운 친구를 사귀거나 사회적 관계를 유지하는 데 아주 효과적인 것임을 발견하였다."라고 하였습니다. 남을 돕는 만큼 행복합니다. 오늘도 가깝고 먼 이웃들을 도우면서 보람과 기쁨 그리고 행복을 얻으시길 바랍니다.

친절의 유익!

11월 13일은 '세계 친절의 날(World Kindness Day)'입니다. 1963년 도쿄올림픽을 앞두고 일본에서 시작한 작은 친절 베풀기 캠페인은 '작은친절운동'이라는 NGO로 성장했습니다. 이후 2000년 홍콩에서 총회를 열어 '세계친절운동'이라는 새로운 조직을 만들었습니다. 이날 총회에서 '친절 선언'을 채택하고, 세계 친절의 날을 제정했습니다. 세계친절운동은 개인이 먼저 친절을 베풀고, 그 친절이 사회로 퍼지게 하는 것을 목표로 합니다. 세계친절운동은 한국을 포함한 전 대륙

25개국이 동참해서 각국에 대표부를 두고 활동하고 있습니다.

몇 년 전 미국에서 당시 미국의 정계, 학계, 경제계, 문화계 등 사회 각 분야에서 최고의 위치에 오른 사람들을 상대로 설문조사를 했습니다. '당신이 오늘날 그 위치에 오를 수 있었던 가장 큰 요인이 무엇이라 생각합니까?' 하는 질문에 응답자 90% 이상이 자신의 성공이유를 '주변 사람들에 대한 매너'로 꼽았답니다. 그들은 인간관계에서 친절한 사람이었습니다. 그들의 친절함이 그들의 성공 원인이 되었습니다.

미국 스탠퍼드 대학교 심리학과 연구팀은 친절하고 환자를 안심시키는 의사가 실제 치료에 도움이 된다고 밝혔습니다. 캐리 레보비츠 교수팀은 76명의 연구 참가자를 대상으로 피부 반응 검사를 했습니다. 검사는 소량의 항원액을 주입해 나타나는 알레르기 반응을 살피는 것이었습니다. 검사 후 나타나는 두드러기와 발작의 정도를 측정하는 것입니다.

연구팀은 히스타민을 팔에 주입해 피부가 가렵고 붉게 만들었습니다. 이 과정에서 연구팀은 한 그룹에서는 별다른 말

없이 그냥 검사를 진행하게 했습니다. 반면에, 다른 한 그룹에서는 "곧 알레르기 반응이 가라앉고 발진도 사라질 것입니다"라며 격려의 말을 전하게 했습니다. 물론 투약의 내용과 과정은 똑같았습니다. 실험의 결과, 격려의 말과 함께 검사를 진행한 그룹만이 특별한 치료를 하지 않았음에도 환자의 증상이 완화됐습니다. 연구팀은 "의사의 긍정적 언어가 치료에 큰 영향을 미치는 것을 발견했다."라고 결과를 발표했습니다.

친절의 유익을 간단히 정리해 봅니다. <u>첫째, 친절은 행복의 유통을 이룹니다.</u> 친절은 베푸는 자와 받는 자가 모두 행복해집니다. 친절은 받은 사람은 자존감이 높아집니다. 사랑받았다는 느낌으로 짜릿한 행복감을 맛보게 합니다. 필자는 초임 군종 목사 시절 중부 전선 GOP 초병 병사들을 위문했던 세월이 일생 중 가장 행복한 세월로 간직합니다. 일주일에 두 번 정도 밤을 새우며 사탕, 커피, 초코파이로 위문하는 것은 결코 쉬운 일이 아니었지만 참 행복한 세월입니다.

<u>둘째, 친절은 사람을 고귀하게 합니다.</u> 친절을 통해서 인간임을 선언하는 것입니다. 도움이 필요한 사람을 도움으로 자

신이 고상한 인간임을 선언하는 것이고 친절을 받는 사람에게도 당신은 고귀한 사람이라는 선언을 하는 것입니다. 친절을 통해서 자신과 상대방을 존중히 여기는 것입니다. 친절한 섬김을 통해서 인간의 고귀함을 선언해야 합니다.

셋째, 친절은 제삼의 친절을 낳습니다. 섬김은 섬김을 낳습니다. 작은 친절이 친절을 낳습니다. 이 세상에 멈추어있는 것은 없습니다. 사랑의 실천은 사랑의 열매를 낳습니다. 친절은 받는 사람과 보는 사람과 듣는 사람에게 친절의 힘을 느끼게 합니다. 친절은 돌고 돌아 결국 자기에게로 되돌아와 자기가 사는 세상을 살찌게 합니다. 베푸는 친절과 사랑이 인생의 밑거름이 되고 햇살이 되고 자양분이 되어 행복한 세상을 가꾸어 줄 것입니다.

넷째, 친절은 행복한 세상을 만듭니다. 친절을 베푸는 사람도 행복하고 친절을 받는 사람이 행복합니다. 나아가 친절을 보는 사람까지도 행복하게 합니다. 친절을 보는 것만으로 `엔돌핀`을 샘솟게 해 혈액순환을 증가시키고 소화를 도우며 만면에 미소를 띠게 하고 말씨를 부드럽게 한다고 합니다. 친절이 있는 곳에 사랑이 꽃핍니다. 친절이 있는 곳에 섬김이 있습니다. 친절이 있는 곳에 행복이 있습니다.

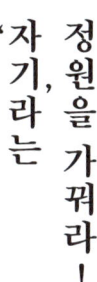

'자기'라는 정원을 가꿔라!

성공하고 싶은 존이라는 사업가가 있었습니다. 존은 제법 잘 나가는 사업가인데 별로 행복하지 못한 자신의 삶이 늘 아쉬웠습니다. 주변 사람들은 존이 이미 성공했다거나 성공하기 시작했다고 생각했지만, 존 자신은 자신의 인생에서 가장 중요한 무언가를 놓치고 있다는 막연한 아쉬움을 느끼고 있었던 것이었습니다.

존은 균형 잡히고 조화로운 삶을 누리고 싶었습니다. 그러면서도 그는 사업의 성공과 내면의 평화, 둘 다를 바라는 것은 너무 큰 욕심이 아닐까 생각하기도 했습니다. 그는 일과 개인의 삶의 균형을 통한 행복이 진정한 행복이라고 믿었습니다. 존은 균형 잡힌 삶의 행복을 누리는 사람을 만나 배우기를 원하며 그런 사람을 찾아보았습니다.

그렇게 생각하며 떠 올린 사람이 "프랭크" 아저씨였습니다. 프랭크 아저씨는 언제나 행복해 보였고, 주변에 있는 사람까지 행복하게 만드는 것처럼 보였습니다. 존은 아저씨와 함께 있을 때 늘 행복한 기분을 느꼈던 것이었습니다. 프랭크 아저씨라면 어떻게 하면 행복해질 수 있는지 그리고 어떻게 다른 사람을 행복하게 할 수 있는지 그 방법을 알 것 같았습니다. 존은 프랭크 아저씨를 만나 행복의 지혜를 배웁니다. 베스트셀러 스펜서 죤스의 〈행복〉이라는 책의 줄거리입니다.

프랭크는 존에게 자신을 가꾸라고 충고합니다. 프랑크가 배우는 행복의 비결은 '자기 가꾸기'였습니다. 자기를 소중히 여기고 자기를 가꾸는 만큼 행복해진다는 가르침입니다. 그렇습니다. 우리 각자는 자신이라는 정원을 가꾸며 살아갑니다. 우리 각자는 "자신"이라는 정원을 가꿈으로 행복의 꽃을 피우는 것입니다. '자신'이라는 정원을 가꾼 만큼 행복해지는 것입니다. 행복하고 알찬 삶을 위하여 자신을 가꾸어야 합니다.

오래전에 읽었던 어느 선배님의 글을 잠시 소개합니다.

"어떻게 하면 아름다운 화단을 망치고 황폐하게 할까? 우선은 적극적으로 그 꽃밭에 불을 지르거나 물에 잠기도록 물을 퍼부으면 될 것이다. 그러나 정말 쉬운 방법은 화단을 그대로 내버려두면 된다. 잠시만 내버려 두고 기다리면 잡초가 무성해지고 저절로 황폐해진다.

어떻게 하면 친구 간의 우정을 망쳐 버릴 수 있을까? 친구를 헐뜯고 비방하고 배반하면 망쳐진다. 그러나 그렇게 수고할 것이 없다. 그 친구가 없는 것처럼 내버려 두어라. 우정도 무시해 버려라. 그들이 없는 것처럼 살아라. 그러면 저절로 우정은 금이 가고 친구와 멀어질 것이다."

우리 인생을 망쳐버리는 방법도 마찬가지입니다. 인생을 망치는 손쉬운 방법은 아무 생각도 고민도 없이 그냥 사는 것입니다. 아무 노력도 없이 편하게 살아가면 인생은 저절로 망합니다. 자기 발전을 도모하지 않고 노력 없이 사는 세월은 자신의 인생을 망가뜨리는 시간입니다. 인생은 가꾼 만큼 발전합니다. 가꾸고 다듬어진 인생의 그릇에 행복이 담기는 법입니다.

인생을 가꾸는 지름길이 자신의 능력을 개발하는 것입니다. 재주와 은사가 있어도 개발되지 않으면 흙 속에 감추어진 진주에 불과합니다. 자신의 능력을 발굴하여 발전시켜야 합니다. 이것이 삶을 주체적으로 살아가는 비결이요, 삶을 풍요롭게 하는 비결이요 행복을 누리는 비결입니다.

될 수 있는 대로 자신을 발전시키고 자신을 개발해 보세요. 새로운 외국어를 정복하는 것도 멋진 일입니다. 최근 50대 후반에 멕시코로 선교를 떠나는 어느 목사님이 스페인어를 익혀서 현장에서 활용하는 모습을 보고 감동하였습니다. 늦은 나이에 새로운 언어를 붙잡고 씨름한 것입니다. 물론 한계가 있을 것입니다. 현지인처럼 유창한 스페인어를 구사하지는 못할 수 있습니다. 그러나 자신을 계발한 그 모습은 칭찬받을 만합니다.

자신을 개발해야 할 것 중에 관계 증진도 필요합니다. 좋은 사람들을 만나고 관계를 증진하는 것은 인생의 중요한 요소입니다. 사람의 관계는 산속 오솔길과 같습니다. 자주 다니는 곳이 길이 됩니다. 산길은 생겼다가도 인적이 뜸해지면 없어집니다. 인간관계도 마찬가지입니다. 서로 마음이 오가는 중에 신뢰와 우정이 견고해집니다. 좋은 친구나 이웃의 존재가 행복의 절대 요소입니다. 우정을 가꾸세요. 관계에 물을 주고 북을 돋아 주세요.

어떤 분야건 자신을 가꾸세요. 한 줄의 글을 읽고, 한 줄의 글을 쓰세요! 새로운 악기 연주에 도전해 보고, 새로운 언어를 익혀 보세요. 인간관계를 더 넓히고 깊게 하세요! 얻어진 지식과 발전된 자신 만큼 행복도 자랄 것입니다. 자신을 가꾸세요! 자신을 개발하세요!

행복이 자랍니다!
'자기'를 가꾸면

    행복이 뭐냐고 묻는다면 PMP의 조합이라고 대답합니다. PMP는 행복을 구성하는 세 요소입니다. 행복은 이 세 요소가 있어야 행복합니다. 첫째 **행복한 삶은 Pleasant life**, 즉 즐거운 삶이어야 합니다. 둘째, **행복한 삶은 Meaningful life**, 의미 있는 삶이어야 합니다. 셋째 **행복한 삶은 Productive life**, 즉 생산적인 삶이어야 합니다. 발전, 의미 결실이 행복의 조건입니다.

행복한 삶을 살려면 삶의 발전이 필요합니다. 자신을 개발해야 합니다. 자기계발은 자신에 관한 관심과 사랑이 필요합니다. 자신을 사랑하는 사람이 자기계발을 합니다. 자기계발은 어렵고 긴 여정입니다. 그러나 자기계발의 열매는 달콤합니다. 자기계발을 하는 사람은 반드시 행복합니다.

취업포털 잡코리아가 직장인 894명을 대상으로 한 설문조사에서 자기계발을 하는 직장인이 그렇지 않은 직장인에 비해 월급이 평균 24만 원가량 높았고, 자기계발을 하는 직장인은 일에 대한 행복감도 더 높은 것으로 나타났습니다. 자기계발을 하는 직장인의 일에 대한 행복지수는 10점 만점에 5.9점인데 자기계발을 하지 않은 직장인은 4.9점으로 자기계발을 하는 직장인보다 훨씬 낮은 점수를 얻었다고 합니다.

최근 자기계발에 관한 책들이 쏟아지고 있습니다. 자기개발서는 독자들에게 자신을 가꾸는 조언들이 있습니다. 제시된 다양한 자기 가꾸기 방안 중에서 실천할 수 있고, 결과가 효과적인 것들을 간략하게 정리해 봅니다.

<u>첫째는 '자기 긍정하기'입니다.</u> 행복하려면 긍정적 사고를

해야 합니다. 긍정적 사고의 근본은 자기 긍정입니다. 신앙인들은 하나님 섭리를 믿습니다. 자신의 삶이 하나님의 섭리 가운데 있고, 하나님의 선물이라고 믿습니다. 선물로 누리는 삶에는 불평이 없고 감사와 만족만 있습니다.

우리가 삶을 가꾸어 가는 출발점이 여기에 있습니다. 하나님의 선물인 우리 삶을 돌보고 가꾸는 것이 우리의 의무입니다. 이를 위해 우리는 우리 삶을 긍정하고 사랑해야 합니다. 우리 삶의 형편이 우리 기준에 미치지 못해도 긍정해야 하는 것은 하나님의 선물인 까닭입니다. 우리 삶에 주어진 상황과 재능 그리고 이웃들을 사랑하고 귀히 여겨야 합니다.

둘째 자기 격려하기입니다.

'격려'는 영어로 Encouragement입니다. 용기를 불어넣어 주는 것을 의미합니다. 자기 격려는 자기에게 용기를 주는 것입니다. 행복한 삶을 원하는 사람은 자신에게 용기를 주어야 합니다. 행복을 원한다면 자기 자신과 현재 삶에 후한 점수를 주어야 합니다. 자신에게 관대한 사람이 행복할 가능성이 훨씬 큽니다. 행복한 삶을 위해서 우리는 자신에게 끊임없이 용기를 주어야 합니다.

자신을 격려하는 최고의 방법은 자신을 사랑하는 것입니다. 자기 사랑의 방법들을 소개합니다. 자신을 위한 시간을 갖습니다. 자신이 좋아하는 음악을 듣거나 자신이 좋아하는 음식을 먹습니다. 자신에게 선물을 사 줍니다. 자신을 사랑하는 고백을 하고 자신을 사랑하는 시간을 갖습니다.

셋째, 특기 발견하기입니다.

행복한 인생은 발전하는 인생입니다. 건강한 행복에는 자기 발전이 있습니다. 자기 발전이 없는 사람은 행복하기 어렵습니다. 자기 발전은 자신의 능력과 은사를 발견하는 것에서 시작합니다. 자신의 특기를 발견하고 그 특기를 연마하고 특기를 개발할 때 자기 발전이 분명해지고 삶은 더욱 풍성해집니다. 자신의 특기를 개발할 때 자신의 핵심 역량이 강화되어 삶의 질이 훨씬 더 높아집니다.

넷째, 목표 설정하기입니다.

행복한 삶을 위해서 목적이 있는 것은 매우 중요한 일입니다. 물론 목표가 건강해야 합니다. 건강한 목표가 있으면 행복할 가능성이 아주 많이 커집니다. 건강한 목표가 있으면, 몰입이 가능합니다. 근래 행복학은 몰입을 강조합니다. 몰입은 목표가 분명할 때 가능합니다. 그런데 목표가 있으면 몰입합니다. 또 목표가 있어야 발전이 있습니다.

자기 발전을 통해서 자기 삶의 열매를 확인하며 사는 것이 행복입니다. 자신을 계발하여 자기답게 사는 것이 행복한 것입니다. 자기를 계발하여 발전되고 성숙한 삶을 사는 것이 잘 사는 길입니다. 자기를 충분히 누리는 삶이 풍성한 생명을 누리는 길입니다. 자기 발전을 꾀하세요! 잠자는 자신을 깨우세요!! 자기 발전이 행복 증진입니다.

인생을 낙관하라!!

옛날 한 선비가 과거 시험을 치르러 한양에 갔다가 시험을 치르기 이틀 전에 연거푸 세 번이나 꿈을 꾸었습니다. 첫 번째 꿈은 벽 위에 배추를 심는 것이었고, 두 번째 꿈은 비가 오는데, 두건을 쓰고 우산을 쓰고 있는 것이었으며, 세 번째 꿈은 사랑하던 여인과 등을 맞대고 누워 있는 것이었습니다. 세 꿈이 모두 심상치 않아 점쟁이를 찾아가서 묻습니다. 점쟁이가 하는 말이, "벽 위에 배추를 심으니 헛된 일을 한다는 것이고", "두건을 쓰고 우산을 쓰니 또 헛수고한다는 것이며", "사랑하는 여인과 등을 졌으니, 그것도 헛일이라는 것이요. 어서 고향으로 돌아가시오!"라고, 해몽해 주었습니다.

점쟁이의 말을 들은 선비는 풀이 죽어 고향으로 돌아가려고 짐을 챙기는데, 여관 주인이 이유를 묻습니다. 여관 주인은 그가 과거 시험을 준비하는 젊은 선비라는 것을 알았습니다. 젊은 선비가 꿈 이야기를 하자, 여관 주인이 환한 미소를 지으며 전혀 다른 해몽을 합니다. "벽 위에 배추를 심었으니 높은 성적으로 합격한다는 것이고", "두건을 쓰고 우산을 썼으니, 이번만큼은 철저하게 준비했다는 것이며", "몸만 돌리면 사랑하는 여인을 품에 안을 수 있으니 쉽게 뜻을 이룬다는 것 같소이다! 그러니 이번 시험은 꼭 봐야 하겠소! 하는 것이었습니다. 여관 주인의 말을 듣고 젊은 선비는 용기를 얻어 과거 시험을 보았는데, 높은 성적으로 합격하였답니다.

이 이야기는 삶의 일상을 긍정적으로 해석해야 함을 가르쳐 줍니다! 이 선비가 꿈을 꾼 것은 단순한 사실입니다. 그 꿈을 부정적으로 해석하니 응시할 필요도 없는 절망이었습니다. 그러나 그 꿈을 긍정적으로 해석하니 너무 좋은 길몽이었습니다. 현실보다 해석이 중요합니다. 긍정적으로 해석하면 긍정적인 사람이요 부정적으로 해석하면 부정적인 사람입니다.

〈바람이 전하는 인디언 이야기〉라는 책에 어느 인디언 부족의 기우제 이야기가 있습니다. 그 인디언들은 기우제에 실패한 적이 없답니다. 그들이 기우제를 지낼 때마다 반드시 비가 온답니다. 왜냐하면, 그들은 비가 올 때까지 기우제를 지내기 때문입니다. 그 인디언들은 비는 반드시 온다는 무한 긍정의 마음으로 기우제를 지내는 것입니다. 이 긍정의 마음이 승리를 보장합니다.

서울대 연구팀은 서울 소재 대학 재학생 270명을 대상으로 2010년부터 2012년까지 1년 간격으로 3차례 낙관성과 삶의 만족도와 행복의 상관관계를 조사했습니다. 여기서 낙관성은 일상의 삶에서 직면하는 사건과 환경들을 긍정적으로 해석하는 경향성입니다. 직면한 사건들과 상황을 긍정적으로 해석하고 긍정적인 일들이 발생할 것을 기대하는 것이 낙관성입니다.

연구의 관심은 긍정과 부정의 정서와 행복도와 삶의 만족도의 상관관계를 살피는 것이었습니다. 분석 결과 부정적인 사람에 비해서 낙관적인 정서를 가진 사람이 행복의 확률이 훨씬 높다는 것입니다. 연구팀은 "낙관성과 행복의 인과관계를 경험적으로 검증한 연구결과"라며 "이 연구가 일반인을 대상으로 한 낙관성 증진 프로그램에 응용될 수 있을 것"이라고 의미를 부여했습니다.

낙관적 시각을 갖는 긍정적 태도의 유익은 상당히 많습니다. 가장 중요한 것은 건강증진입니다. 긍정적인 정서를 가지면 마음과 육체의 건강을 얻게 된다는 것입니다. 건강에 위기가 찾아왔을 때 긍정적인 마음가짐은 면역체계를 북돋우고 우울증을 극복하는 데 큰 도움이 된다는 것은 잘 알려진 사실입니다. 의학계와 심리학계의 여러 연구는 긍정적 태도가 혈압, 혈당, 심장질환, 체중의 조절을 쉽게 하는 것으로 나타났습니다.

심지어 불치병을 가진 환자들도 긍정적인 마음으로 통증관리와 행복감 증진에 큰 유익이 있음을 볼 수 있습니다. 암 환자들을 위한 책을 여러 권 저술한 의사 웬디 슐레셀 하르팜은 오래전 인턴으로 일하던 중 자신이 암 환자임을 발견합니다. 그 이후 15년간 8차례나 암이 재발하였습니다. 그녀는 재발한 암을 행복과 희망을 품는 긍정적 정서로 극복하였습니다.

그녀는 암과 싸우면서 행복 정서와 긍정적 희망을 품기 위해 자신만의 특별한 규칙들을 정하고 지켜왔습니다. 그녀가 고수한 규칙들은 이렇습니다. 먼저, 기분이 좋아지는 사람들과 어울릴 것, 둘째, 감사일기를 매일 쓸 것, 셋째, 누군가를 위해 나눔의 삶을 살 것, 넷째, 재미있고 기분 좋은 영화들을 볼 것 등등입니다. 그녀는 결국 암을 극복했습니다. 그녀는 긍정적인 마음으로 결과를 낙관하면서 암과 싸움에서 이겼습니다. 이는 긍정적인 마음의 중요성을 설명하는 것입니다.

훈련하라! 낙관적 사고를

　대공황과 1차, 2차 세계대전 상처로 미국이 비관주의에 사로잡을 때가 있었습니다. 미국 전 시민들이 절망에 빠졌습니다. 그때 노만 빈센트 필(Norman Vincent Peal) 박사 등이 적극적 사고를 주창하였습니다. 적극적 사고방식이 미국을 깨웠습니다. 적극적 사고방식으로 미국은 위기를 극복하고 큰 경제 발전을 이루게 했습니다.

　론 쇼는 어릴 때 아버지가 사기를 당해 어린 시절을 몹시 가난하게 보냈습니다. 15살 될 때 코미디언으로 무대에 섰으나 수입이 불안정해서 그만두었습니다. 론 쇼는 비크라는 회사에 취직해서 펜을 팔았습니다. 그는 비록 어렸지만, 긍정적 마음으로 어려움을 극복하며 승승장구하였습니다.

그러나 론 쇼의 승진과 형통을 시기하는 주변 사람 때문에 퇴사하였습니다. 그리고 파일럿(Pilot)사에 취직을 합니다. 파일럿은 비크에 비해 작은 기업이었지만 론 쇼는 굴하지 않고 열심히 일하며 자신을 키우고, 기회를 따라 승진했습니다. 그리고 승진하여 회사에서 자기 역량을 발휘할 수 있을 때는 회사를 키웁니다. 결국, 파일럿은 미국을 대표하는 필기도구회사가 되었고 론 쇼는 파일럿사의 CEO가 됩니다. 론 쇼는 긍정적 마음으로 위기를 극복하고 성공했습니다.

대부분 사람은 낙관적인 생각으로 낙관적으로 살고자 하지만 낙관적으로 살지 못하는 경우가 많습니다. 낙관적인 생각을 갖는 것이 그리 쉽지 않습니다. 그러나 낙관적인 태도가 선천적이나 고정된 성향이 아닙니다. 낙관적인 태도는 습관의 산물입니다. 전문가들은 간단한 훈련으로 태도를 바꿀 수 있다고 조언합니다. 긍정적 생각을 하는 몇 가지 방법을 소개합니다.

첫째, 긍정의 안경을 착용하라!

 주어진 여건과 상황을 긍정적으로 바라보는 연습을 해야 합니다. 모든 사람은 각자 안경을 착용하고 있습니다. 그 안경은 두 가지 색깔, 즉 긍정의 색깔과 부정의 색깔입니다. 긍정의 안경을 착용한 사람은 주변의 모든 것을 긍정적으로 봅니다. 반면에 부정의 안경을 착용한 사람은 주어진 모든 상황을 부정적으로 봅니다. 안경의 색깔 따라 보이는 세상이 다릅니다.

둘째, 범사의 유익을 바라보라!

 어떤 사람은 비가 내리면 불평하고 하루를 망쳤다고 말합니다. 그런 사람에게 비가 주는 유익을 생각해 보라고 권하고 싶습니다. 모든 일에서 유익한 것들을 생각하면 유익이 보이고 기회가 보입니다. 윈스턴 처칠은 "낙관주의는 어려움이 닥칠 때마다 기회를 보고, 비관주의는 기회가 올 때마다 어려움을 본다!"라고 말했습니다. 아픔과 고난에서 기회를 보세요. 유익을 보세요!

셋째, 입으로 감사를 고백하라!

일상에서 감사의 이유를 찾아보고 고백하라는 충고입니다. 감사의 마음을 갖고 표현하는 훈련이 필요합니다. 무슨 일이건 마무리하면서 감사의 이유를 찾아보고 입으로 선포해야 합니다. 다소 고전적이지만, 하루를 정리하면서 오늘 감사했던 일 세 가지를 정리하는 방법도 아주 좋습니다. 여하간 무심코 지나치거나 잊히기 쉬운 기분 좋은 일을 한 번 더 생각함으로써 긍정적인 사고를 가지는 데 큰 도움이 됩니다.

넷째, 실수에서 유익을 찾아라!

모든 사람은 실수합니다. 실수가 가져오는 피해나 손실이 있습니다. 그래서 우리는 실수를 두려워합니다. 그러나 모든 실수가 모두 해로운 것은 아닙니다. 어떤 실수는 실수 자체에 유익이 있습니다. 실수에서 배우는 지혜를 찾아보고, 실수에서 유익을 찾을 때 실수를 두려워하지 않습니다.

다섯째, 피해자 의식을 극복하라!

많은 사람이 부정적인 생각을 하게 되는 이유 중의 하나가 자신을 피해자라고 생각하는 경향이 있기 때문입니다. 인생의 상처가 많은 사람은 종종 피해의식에 사로잡혀 있는 것을 발견합니다. 인생을 긍정적으로 바라보기 위해 피해자 의식을 버려야 합니다. Don't victimize yourself!

여섯째, 자신을 스스로 축복하라!

긍정적인 삶을 사는 데 필요한 것 중의 하나가 긍정적인 말을 하는 것입니다. 긍정적인 말을 하는 것이 필요합니다. 말은 큰 힘을 가지고 있습니다. 실제로 말은 사람에게 많은 영향을 끼치고 자기 자신에게 하는 말도 예외는 아닙니다. 생각날 때마다 "나는 행복하다." "나는 즐겁다" "나는 꼭 필요한 사람이다!" 등 칭찬해주면 그 칭찬에 맞는 사람으로 변해갑니다.

몰입하라! 행복하려면

세계적인 선수 중에 자신들의 약점 때문에 운동을 시작한 경우가 종종 있습니다. 우리의 마린보이 박태환 선수도 몸이 약해서 수영을 시작했습니다. 올림픽 8관왕 수영선수 펠프스(미국)도 장애 때문에 수영을 시작했습니다. 그는 어린 시절 잠시도 가만히 있지 못하는 즉 ADHD 증후군 환자였답니다. 자신들의 아이가 ADHD 증후군에 있다는 것을 알게 된 펠프스 부모는 아이가 몰입할 수 있는 분야를 찾다가 수영을 찾았다고 합니다. 그 부모들이 펠프스에게 수영을 가르쳤더니 펠프스는 몰입하게 됩니다. 펠프스는 깨어있는 시간이면 잠시도 쉬지 않고 물속으로 뛰어들어 수영을 연습하여 세계적인 선수가 되었습니다. 펠프스는 몰입의 비밀을 보여 줍니다.

캐나다의 마크 피셔라고 하는 분이 〈골퍼와 백만장자〉라고 하는 흥미진진한 책을 썼습니다. 그 책 속에 성공의 비결을 말합니다. 운동으로나 사업으로나 혹은 공부로나 성공하는 사람은 두 가지 특징이 있습니다. 첫째가 열정(Enthusiasm)입니다. 어떤 분야건 성공한 사람은 열정이 있습니다. 정열적으로 삽니다. 두 번째는 집중(Concentration)입니다. 박세리 선수는 자신의 성공비결을 집중이라고 했습니다. 그녀의 집중력은 대단합니다. 그 젊은 나이에 애인을 만나고 싶고 젊음을 즐기고 싶은 유혹도 많았을 것입니다. 그러나 이것들을 다 물리치고 오로지 훈련과 게임에 집중했습니다.

〈몰입의 즐거움〉의 저자 칙센트미하이 교수는 행복한 삶을 누리는 사람들의 특징이 몰입('자신이 하는 일에 완전히 푹 빠지는 상태')을 즐기는 것이라고 말합니다. 몰입은 "느끼는 것, 바라는 것, 생각하는 것이 하나로 어우러진 상태"로 무언가에 흠뻑 빠져 심취한 무아지경의 상태를 뜻합니다. 주위의 모든 방해물을 차단하고, 자신이 원하는 어느 한 곳에 모든 정신을 집중하는 것입니다. 몰입의 상태가 일의 능률을 증진 시킬 뿐만 아니라 몰입이 행복의 지름길이라는 것을 발견한 것이 현대 행복학의 업적입니다.

칙센트미하이는 미술가, 음악가, 스포츠 선수들에 관해 연구하면서, 이들이 작업할 때 다른 모든 것을 잊고 집중하는 모습에 깊은 인상을 받았습니다. 이를 계기로 몰입 연구에 집중하면서 어떤 일에서 높은 수준의 성취를 이룬 사람들은 몰입하는 사람들이라는 것을 발견했습니다. 몰입하면 일의 능률이 향상됩니다. 몰입하면 성공합니다. 몰입하면 행복합니다.

몰입하지 않고 맛보는 행복은 외부적인 요인에 대한 의존도가 높은데, 몰입으로 얻는 행복은 스스로 만든 행복이므로 더 큰 성취감과 자신감을 안겨 줍니다. 또한, 몰입 상태에서는 평소와는 다른 강렬한 주의 집중이 일어나 몰입하는 대상에 대해 단시간에 빠르게 흡수할 수 있게 됩니다. 몰입 상태의 경험은 교육적 측면에서도 큰 의미가 있어서 교육 분야에서도 꾸준히 주목받고 있습니다. 몰입에는 다양한 형태가 있습니다.

첫째, 위대한 천재들의 편집적 몰입입니다. 레오나르도 다빈치, 에디슨, 아인슈타인, 고흐 등이 몰입한 사람들입니다. 이런 천재들은 일반적인 삶의 자리에서는 부족함이 많습니다. 사회생활에 적응이 힘들 정도로 감정 표현에 서툽니다. 반면, 자신의 관심사에 온전히 몰입합니다. 이 경우 몰입이 천재성입니다.

둘째, 위기를 극복한 영웅들의 몰입입니다. 몰입을 통해 위기를 극복한 경우입니다. 알렉산더, 카이사르, 나폴레옹, 링컨, 세종대왕, 충무공 등이 이런 부류에 속합니다. 절체절명의 위기나 역사의 변곡점에서 그들은 무서운 집념으로 몰입하여 위기를 극복하여 성공한 영웅들입니다. 이들의 위기 몰입은 위기 극복은 물론 그들에게 큰 성공을 선사하였습니다.

셋째, 훈련으로 자기 분야의 몰입입니다. 이것은 후천적 '몰입'입니다. 세계적인 음악가족 정 트리오를 보면 경화, 명화,

명훈 모두 음악을 좋아하는 어머니 밑에서 악기를 배웠는데 각자가 몰입하는 악기가 따로 있었다고 합니다. 어릴 적에는 모두 피아노를 배웠지만, 정경화는 바이올린을 잡자 밥 먹는 것도 잊어버릴 정도로 몰입했으며 정명화는 피아노, 바이올린 모두 시큰둥하게 여기더니만 첼로를 잡자 몰입하기 시작하더라고 합니다. 정명훈은 피아노에 몰입했습니다.

  결실이 있는 삶을 살려면 어떤 형태로건 몰입해야 합니다. 단기간의 몰입으로 시험을 준비하고, 장기간의 몰입으로 작품을 남깁니다. 몰입은 성공과 행복의 전제조건입니다. 몰입하면 행복합니다. 몰입으로 건강한 행복을 구가하시길 바랍니다.

역경지수를 길러라!

코로나의 영향이 어마어마했습니다. 평범한 삶이 어려웠던 시절이었습니다. 이렇게 어려운 시절엔 이 고난을 이겨내는 것이 중요합니다. 고난을 이기는 능력을 지수화한 것이 역경지수(AQ: Adversity Quotient)입니다. 역경지수(AQ)는 심리학자들이 인생을 성공적으로 살게 하는 3개 지수중의 하나라고 합니다. 심리학자들이 말하는 인생성공을 위한 3Q는 역경지수(AQ), 지능지수(IQ:Intelligence Quotient) 그리고 감성지수(EQ:Emotion Quotient)입니다. 인생에는 반드시 역경이 있고, 우리는 역경을 참고 이겨야 하므로 역경지수(AQ)는 중요합니다.

역경지수(AQ)라는 말은 1997년 미국의 커뮤니케이션 이론가요 하버드 대학교 교수였던 폴 스톨츠 (Dr. Paul Stoltz)가 만들었습니다. 이것은 어려움을 견디며 극복해나가는 능력을 의미합니다. 스톨츠 박사는 21세기는 IQ나 EQ보다 AQ가 더 중요한 시대라고 말합니다. 그리고 역경지수가 높은 사람이 성공과 행복을 누릴 확률이 가장 높다고 주장합니다. 역경지수(AQ)는 어려울 때 더 필요하고 빛을 발하는 덕목입니다.

역경지수(AQ)는 무모한 깡다구와 다릅니다. 역경지수는 냉철한 현실 인식과 합리적 판단, 그리고 끝까지 역경과 맞서는 끈기와 인내가 적절히 어우러진 삶의 힘입니다. 역경지수는 네 가지 기준을 갖고 평가합니다. 네 기준은 CORE라고 합니다. 역경지수의 기준인 네 요소(CORE)는 C:Control(통제력), O:Ownership(책임감), R:Reach(저항력), E:Endurance(참을성)입니다. 역경을 이기려면 자기관리 능력인 자제력과 윤리적 책임감, 고난을 견디는 능력과 끝까지 견디는 참을성이 필요하다는 것입니다.

스톨츠박사는 등산을 예로 들어 역경지수를 설명했습니다. 그는 난관을 만났을 때 등산가들의 대처유형을 세 부류로 나누었습니다. 먼저, 난관에 포기하는 사람(quitter)이 있고, 둘째, 현실에 안주하는 사람(camper)이 있고, 셋째, 장애를 넘어가는 사람(climber)이 있습니다. 물론 난관을 극복하고 전진하는 등반가(Climber)의 AQ가 가장 높습니다. 요컨대 역경지수(AQ)는 새로운 스트레스에 능동적이고 창조적으로 대응할 수 있는 능력 수준을 의미합니다.

고난의 언덕을 넘을 때 더 큰 행복이 있습니다. 행복학자들은 행복한 삶의 지름길이 역경지수를 높이는 것이라고 충고합니다. 어떻게 역경지수를 높일까요? 인생 코치들이 전하는 고통을 당할 때 창조적으로 역경을 이기는 비결, 역경지수 강화 비결을 정리합니다.

<u>첫째, 고통은 끝난다는 것을 기억하라!</u> 실패는 순간의 좌절입니다. 삶의 고통도 잠시면 끝납니다. 고통에 시달릴 때 이 고통이 영원할 것 같은 느낌이 듭니다. 그러나 지난 고통의

순간들을 되돌아보면 그리 길지 않았음을 쉽게 깨닫습니다. 현재의 고통도 곧 끝날 것입니다. 현재 고난이 멀지 않은 장래에 또 하나의 추억이 될 것입니다. 고통의 시간을 보낼 때 곧 끝난다는 것을 기억하고 당당히 맞서야 고통의 세월을 창조적으로 보낼 수 있습니다.

둘째, 실패로부터 삶의 교훈을 배워라! 실패나 그 실패로 인한 고통은 우리 인생의 스승입니다. 그래서 실패는 성공의 어머니라고 말합니다. 인생을 적극적으로 사는 사람은 인생의 고통을 통해 배우는 사람입니다. 고통을 통해서 배우는 사람에게는 아픔이 실력이 되고, 고통과 좌절이 계급장이 됩니다. 실패나 고통은 위대한 인생의 스승입니다.

셋째, 고난의 희생양 되기를 거부하라! 사람이 고통을 당하면 피해의식에 사로잡힙니다. 그리고 스스로 자기연민에 빠집니다. 심지어 자신의 고통이 당연하다고 생각합니다. 고통당할 때 자기희생(Victimization)이나 자기비하(Self-depreciation)를 피해야 합니다. 누구나 고난을 겪습니다. 고난당하는 것이 부끄러운 일이 아닙니다. 고난 앞에 당당해야 합니다!

넷째, 고통에 스스로 굴복을 거부하라! 사람들은 고통을 당할 때 쉽게 포기합니다. 많은 사람이 고통 앞에 포기를 선택합니다. 고통 때문에 포기하는 사람은 성공할 수 없습니다. 고통 때문에 포기하는 것은 고통에 굴복하는 것입니다. 고통은 힘들고 어렵습니다. 그러나 고통을 참고 견디면 반드시 기쁨과 행복을 만날 수 있습니다.

실패에서 배우라!

'실패학'이라는 학문이 있습니다. 실패의 과정을 분석하여 실패를 승리의 씨앗으로 만들려는 학문입니다. 개인, 기업, 국가는 반드시 실패를 경험합니다. 문제는 실패 처리인데, 많은 사람은 실패가 아프고 힘들어 실패를 덮어버립니다. 그래서 실패에서 배우지 못하고 실패를 반복합니다.

일본 사회에 '실패학'을 소개한 사람은 하타무라 요타로 동경대 교수입니다. 그는 실패학을 '성공하지 못한 실패를 배움으로써 실패의 경험을 살리는 것'으로 정의합니다. 그는 실패를 성공의 발판으로 삼습니다. 그는 실패를 두 종류로 나눕니다. 창의적인 연구와 실천 속에 다가온 '좋은 실패'와 단순한 부주의나 오판 때문에 반복되는 '나쁜 실패'입니다. 하타무라 요타로 교수는 '나쁜 실패'는 막아야 하지만, '좋은 실패'는 오히려 장려해야 할 창조의 씨앗이라고 주장하며 좋은 실패는 많을수록 좋다고 말합니다.

실패학 연구는 크게 두 가지입니다. 첫째는 이미 '**경험했던 실패**'를 연구합니다. 과거 실패를 분석합니다. 과거 실패 분석은 노키아, 코닥, 모토로라 등의 기업의 경우로 실패를 분석합니다. 이들 기업은 한때 세계를 주름잡던 이 기업들인데 변화에 적응하지 못해 역사의 뒤안길로 사라졌습니다. 둘째는 장차 '**예상되는 실패**'를 미리 연구합니다. 새로운 시도에 예상되는 실패에 초점을 맞추고 그 실패를 미리 연구하여 실패를 예방합니다.

미국 중부 미시간주 앤하버에는 **실패박물관(New product works)** 있습니다. 실패 연구의 세계적 권위자인 로버트 맥메스가 40여 년에 걸친 연구와 자료 수집을 통해 7만여 점의 실패 상품들을 모아 전시했습니다. 예컨대 '연기 안 나는 담배'가 있습니다. 흡연자들이 연기를 바라보는 기쁨을 생각하지 못해서 망한 상품입니다.

로버트 맥메스(Robert McMath)는 1960년대 말부터 해마다 나오는 신제품을 '취미로' 수집하기 시작했습니다. 그런데 그가 수집하는 신제품의 80% 이상이 망하는 것을 깨닫습니다. 그래서 그의 진열대는 신제품 진열대가 아닌, '망해버린' 신제품 집합소가 되어버렸습니다. 그런데 그는 여기에서 좌절하지 않고, 계속 신제품을 수집합니다. 그리고 1990년, New Product Works라는 이름의 실패박물관을 만들어 실패의 교훈을 전하고 있습니다.

실패의 가치를 인정하는 기업들이 늘고 있습니다. 일본의 혼다는 한 해 동안 가장 크게 실패한 연구원에게 독특한 시상을 한답니다. '올해의 실패왕'이란 상과 함께 1000만 원 상당의 상금을 준답니다. 시상의 바탕에는 실패는 다음의 실수를 막는 방어책이자, 용기 있는 도전의 결과며, 소중한 교훈이라는 인식으로 실패의 가치를 인정하는 것입니다.

최근 전자회사 쏘니(Sony)가 새로운 전기 자동차 모델을 선보였습니다. 과거 쏘니는 전자제품으로 황금기를 누렸지만, 시대의 변화를 읽지 못해 무대에서 사라졌었습니다. 그런데 쏘니가 전기 자동차로 새로운 도전을 합니다. 실패학의 차원에서 쏘니의 새로운 도전을 응원합니다. 실패에 좌절하지 말고 실패를 인정하고 실패를 분석해야 합니다. 분석된 오늘의 실패는 내일 성공의 비결입니다. 실패 속에 성공과 행복의 씨앗이 있습니다!

실패 활용법

　매년 10월 13일, 핀란드 헬싱키에선 특별한 행사가 열립니다. 그 행사의 이름은 '**실패의 날**' 행사입니다. 학생, 교수, 기업인이 모여 각자의 실패 사례들을 공유하고, 실패 원인을 분석하고 참석자들의 조언을 듣습니다. 그런데 이 행사에서 독특한 의미는 '실패에 대한 독특한 정의'입니다. 그들이 정의하는 실패는 '**성공할 기회**'입니다. 이 행사의 의미와 목적은 그들의 실패를 성공으로 만들려 하는 것입니다.

이날은 2011년에 시작되었습니다. 핀란드의 한 창업동아리가 만든 날입니다, 실패의 경험을 공유하면서 실패로부터 성공의 지혜를 배우는 날입니다. 이 '실패의 날'에는 평범한 대학생에서부터 기업인, 연예인 그리고 정치인들이 한자리에서 자신들의 실패담을 나눕니다. 이 실패의 날의 중요한 특징 중의 하나는 '실패를 부끄러워하지 않는다'는 것입니다.

핀란드의 대표적인 기업이요 세계적인 핸드폰 기업이었던 '노키아'가 자신들의 실패를 솔직하게 소개해 시선을 끌었습니다. 이 노키아의 고백은 핀란드인들에게 큰 반향을 불러일으켰습니다. 핀란드가 자랑하는 세계적인 핸드폰 회사였던 노키아의 실패는 핀란드 사회에 큰 충격이었는데 그 실패를 공개적으로 나눈 것은 더 큰 충격이었습니다. 실패에 대한 두려움을 가지고 있던 핀란드 사람들에게 실패의 긍정적 의미를 되새기는 기회를 제공했다는 점에서 긍정적 평가를 받았습니다.

이것을 계기로 이 '실패의 날' 행사는 점점 성장했습니다. 현재 30여 개국이 참여하는 국제 행사로 발전하였습니다. 행사의 규모보다 더 중요한 것은 많은 사람에게 영감을 주는 행사가 되고 있다는 점입니다. 많은 실패자들이 재기를 꿈꾸며 성공의 기회를 붙잡고 있습니다. 그들은 '실패'를 사용하여 성공을 만들어 가고 있습니다.

실패를 사용하여 성공을 만드는 것은 탁월한 관점입니다. 실패는 불완전한 인류가 공유하는 아픔입니다. 그런데 그 실패의 쓴잔이 성공의 기회로 된다면 그 실패의 쓴잔은 보약과 같습니다. 이런 관점에서 실패를 성공의 도구로 보는 것은 탁월하고 멋진 관점입니다. 실패를 사용해야 합니다. 성공을 위해 사용되는 실패는 상처나 아픔이 아닙니다. 실패를 사용하세요!

일본 실패학을 창시한 하타무라 요타로 도쿄대 교수의 〈써먹는 실패학〉이라는 책이 있습니다. 이 책에서 하타무라 요타로는 실패 활용법 혹은 실패 사용법을 소개하고 있습니다. 이 책을 통해 그는 축적해온 실패학의 방대한 연구 성과 중에서 적용 가능한 것들을 거칠게 정리하였습니다.

<u>첫째 실패의 충격에서 벗어나라!</u> 실패했을 때에 가장 먼저

만나는 위기는 실패의 충격입니다. 실패를 활용하기 위해 가장 필요한 것은 실패의 고통에서 벗어나는 것입니다. 하타무라 요타로 교수는 '실패를 인정하되 둔감해지라'고 권합니다. 실패에 대한 책임을 자신에게 너무 심하게 몰아치지 말라는 것입니다. 그는 실패했다면 가장 중요하고 우선되는 것이 실패의 충격에서 벗어나는 것이라고 주장합니다.

둘째 실패의 원인들을 파악하라! 하타무라 요타로 교수는 실패학 전문가답게 실패의 문제를 분석할 수 있는 다양한 근거를 제시합니다. 실패 원인을 냉철하게 분석하여 원인을 찾아야 실패의 자리에서 일어설 수 있습니다. 실패를 낳은 6대 원인(미지, 무지, 부주의, 순서 무시, 오판)에 비추어 봐야 합니다. 실패 정보를 올바르게 분석하여 실패한 원인을 정확하게 알아야 실패를 활용할 수 있기 때문입니다.

셋째 실패를 창조적으로 바꿔라! 저자는 실패를 창조적으로 전환하라고 합니다. 실패를 보는 눈을 바꾸고 실패의 가치와 의미를 깨달아야 합니다. 자신의 실패 가치를 인정하기 전까지 실패는 상처와 부담입니다. 그러나 실패의 가치를 깨달으면 실패는 삶의 지혜가 되고, 실패가 인생의 실력이요, 인생의 자랑이요, 인생의 계급장이 됩니다.

<u>넷째 교훈을 현실에서 적용하라!</u> 실패를 통해 얻은 경험과 지혜를 실제적 삶에서 활용해야 합니다. 실패가 스승이지만 실천되지 않는 교훈은 의미가 없습니다. '실패'라는 스승의 가르침에 귀를 기울이고 그 교훈을 실제적 삶에서 실천해야 합니다. 실패의 교훈이 실제로 적용되는 삶이 지혜로운 삶이요 유능한 삶입니다. 실패를 사용해야 합니다. 실패는 보물입니다. 활용되고 사용되지 않는 실패는 가치가 없습니다. 분석되지 않고, 정리되지 않고 사용되지 않는 실패는 인생의 가시와 상처가 됩니다. 그러나 정리되고 소화되어 사용되는 실패는 인생의 보약입니다. 실패가 인생의 실력입니다.

위로받아라! 위로하고

   톨스토이의 소설 〈이반 일리치의 죽음〉은 인생에 대한 통찰력을 주는 소설입니다. 성공 가도를 달리던 마흔다섯 살의 중견 판사 이반 일리치가 죽음을 직면합니다. 아주 사소한 사고로 시작된 몇 달간의 투병 끝에 그는 죽습니다. 그는 나름대로 잘 살았습니다. 그리고 그는 앞으로 살아갈 날의 기대와 꿈으로 부풀어 있었습니다. 그런데 희망찬 중년의 세월에 사망의 그림자가 찾아온 것이었습니다.

인생의 정점에서 죽음을 앞둔 이반 일리치는 만감이 교차합니다. 처음에 그는 현실을 부정했습니다. 받아들일 수 없는 자기 죽음 때문에 신과 운명을 향해 분노합니다. 왜 죽어야 하는지를 되물으며 흥분하다가 자신의 삶을 되돌아봅니다. 이반 일리치가 죽음을 맞닥뜨린 지점에서 바라보는 자신의 삶은 무의미하고, 무가치하고 추했습니다.

자기 죽음을 받아들여야 하는 이 상황에서 이반 일리치를 정말로 괴롭히는 것은 두 가지입니다. 첫째는 아무도 자기를 위로해 주지 않는다는 사실이었습니다. 죽음을 앞두고 서러워하는 자신을 어린아이처럼 어루만져주고, 입을 맞춰주고, 자기를 위해 눈물 흘려주기를 원하는데 그런 사람이 없습니다. 둘째 자신도 누군가를 위로한 적이 없다는 사실이었습니다. 지금 자신을 위로해 주지 않아 맘속으로 분노하고 혐오하는 그 냉정한 사람들의 모습 속에서, 자신의 얼굴을 발견하고 당황하며 분노합니다.

하지만 죽음을 앞둔 마지막 장면에서 그는 그토록 목말랐던 위로를 받습니다. 먼저 하인 게라심이 자신의 맘을 알아주고 위로합니다. 또 죽음을 불과 몇 시간 앞둔 시점에서 아들 바사가 자신의 아픔을 알아줍니다. 큰 위로를 받습니다. 이런 위로로 인생 최후의 고민이 해결됩니다. 위로받지 못해서 허덕이며 분노하던 삶의 짐을 내려놓고 편안한 죽음을 맞이합니다.

〈이반 일리치의 죽음〉은 죽음준비 교과서와 같은 작품입니다. 아울러 톨스토이가 집착했던 '삶의 의미'를 가르칩니다. 이 작품을 통해 톨스토이는 위로를 주고, 위로를 받은 것이 가치 있는 인생이요 죽음의 준비라고 말합니다. 모든 인생은 위로해야 하고 위로받아야 합니다.

이런 질문을 던져봅니다. 최근에 위로하신 적이 있나요? 최근에 받은 위로 중에 기억나는 위로가 있나요? 위로가 필요한 인생입니다. 위로가 인생을 풍요롭게 합니다. 위로는 누구나 할 수 있고, 위로는 누구나 필요합니다.

위로에 능력이 있습니다. 진정한 위로와 격려는 사람을 살립니다. 바른 위로는 한 사람의 운명을 바꿀 만큼 강력한 힘이 있습니다. 사랑이 담긴 위로를 통하여 운명이 바뀐 사람들이 많습니다.

오래전 영국에 뼈와 관절에 질환을 가지고 태어난 '해리 플래트'라는 아이가 있었습니다. 몸이 병약한 해리 플래트는 성장 과정에서 말 할 수 없는 고통을 겪습니다. 그가 아프고 힘들 때면 아버지가 그를 위로해 주었습니다. "아들아, 너의 상처를 별로 만들어라. 나의 사랑하는 아들아, 너의 상처를 별로 만들어라." 아버지의 위로가 큰 힘이 되었습니다.

해리 플래트는 아버지의 위로를 붙잡고 숱한 어려움들을 이겨내 공부를 하여 의사가 되었습니다. 그는 한평생 의술을 통해서 사람들을 도왔습니다. 그는 의술과 의학 발달에 큰 공헌을 했습니다. 그는 현대 성형수술의 창시자입니다. 그는 영국 외과학회 회장과 국제 외과학회 회장을 지냈습니다. 그가 육체의 약함을 극복한 힘도, 그가 세계 의술 발전에 기여한 힘도 아버지의 위로와 격려였습니다. 이런 실례는 역사 속에서 종종 발견됩니다.

위로는 언제나 필요하지만 어렵고 힘들 때 더욱 필요합니다. 승승장구하던 판사 일리치는 위로가 없어도 잘 살았고, 위로의 필요성도 몰랐습니다. 그러나 병들고 아파 죽음을 직면할 때에 위로에 갈급합니다. 삶에 위로가 필요한 날 자신을 보니 위로해 준 적이 없었습니다. 절실하게 위로가 필요한 날에 위로받지 못한 그는 절망하고 울었습니다.

톨스토이는 〈반 일리치의 죽음〉에서 죽어가는 이반 일리치가 다른 그 어떤 것도 아닌 위로에 매달리는 장면은 위로의 가치와 중요성을 웅변합니다. 그는 위로 때문에 분노하며 슬퍼하고 위로받으며 평안을 누립니다. 만약 이반 일리치가 다시 인생을 살았다면 어떻게 살았을까요? 분명히 그는 위로하는 삶을 살았을 것입니다. 위로하는 인생이 행복한 인생입니다. 위로받는 인생이 행복한 인생입니다.

위로의 능력

미국 동부 매사추세츠 주에 나다나엘 호쏜이라는 사람이 살았습니다. 그는 매사에 정직하고 성실했으며, 따뜻한 마음을 가진 사람이었습니다. 하지만 그는 다소 소극적인 사람이었습니다. 주변 사람들 대부분이 호쏜이 남자로서 너무 소심하고 유약하다고 평가했습니다. 친구들과 가족들도 그를 인정하지 않았지만, 그의 아내만은 남편 호쏜을 이 세상에서 가장 훌륭하고 유능한 남자로 인정하고 존경하였습니다.

호쏜은 세관의 공무원으로 평범한 샐러리맨이었습니다.

그는 공무원으로 맡은 일에 한결같이 충직하게 일하였고, 퇴근 후 밤에는 열심히 독서와 글공부에 매진하였습니다. 독서와 글쓰기가 그의 유일한 취미였습니다. 그의 부인은 남편의 취미 생활인 독서와 글쓰기마저 지지하고 응원했습니다.

그러던 어느 날, 호쏜은 뜻밖의 어려움을 당합니다. 크게 잘못한 일이 아닌데, 상사와의 사소한 갈등이 와전되어 세관에서 면직됩니다. 평생 월급쟁이 공무원으로 살아온 호쏜은 큰 충격에 빠집니다. 월급에 의존하는 직장생활을 오래 했는데 하루아침에 실업자가 되어버렸습니다. 그는 어깨를 늘어뜨리고 집에 돌아와 부인에게 사실대로 말했습니다. 남편의 이야기를 듣는 순간, 부인은 더 놀랍니다. 그녀는 눈앞이 캄캄했습니다. 하지만 부인은 절망에 빠진 남편을 위로합니다. 충격이 컸지만, 실망한 내색을 하지 않고 오히려 밝은 얼굴로 용기를 북돋아 주었습니다.

"여보, 아주 잘 된 일이에요. 이제야말로 하나님이 당신에게 마음 놓고 집에서 글을 쓸 기회를 주고 계신 거예요. 여보! 힘을 내세요. 당신은 얼마든지 새 출발을 할 수 있다고요! 그러니 어서 힘을 내서 글 쓰는 것을 시작해 봐요! 난 당신이 글쓰기에 집중하신다면 너무 기뻐요!"

그러면서 부인은 한 뭉치의 원고지와 펜을 남편 앞에 놓습니다. '이것으로 글을 쓰세요'합니다. 이에 호쏜은 용기를 얻습니다. 사실은 벌써 오래전부터 마음속에 생각하고 있었던 작품 소재가 있었습니다. 그날부터 호쏜은 책상에 앉아 글을 쓰기 시작했습니다. 독서와 글쓰기로 단련된 그가 심혈을 기울인 집필활동은 한동안 계속되었습니다.

그리고 마침내 작품을 완성했습니다. 이렇게 완성된 작품이 〈주홍글씨〉입니다. 이렇게 명작 주홍글씨와 19세기 미국 문학을 대표하는 위대한 작가 나다나엘 호쏜이 태어난 것입니다. 역경에 처한 남편에게 용기를 북돋아 준 아내의 위로가 남편을 위대한 작가로 설 수 있게 했습니다. 위로를 통해 위기의 남편을 구한 호쏜과 아내의 기지와 너그러움은 본보기가 됩니다.

한 사람이 자신의 꿈을 이루기 위해서는 많은 조건이 필요하지만, 한마디의 격려가 필요합니다. 무엇보다도 어려움과 위기를 만날 때 한마디의 위로가 필요합니다. 위로로 소망을 얻고, 위로로 꿈을 꿉니다. 알고 보면 우리는 모두 부모, 선생님, 친구 그리고 배우자의 위로로 살아갑니다.

영화 '슈퍼맨'의 주인공 크리스토퍼 리브는 한때 전 세계 어린이들의 꿈과 희망이었습니다. 그러던 그가 1995년 그는 승마를 즐기다가 말에서 떨어졌습니다. 목뼈가 골절되었습니다. 그 사고로 그는 손가락 하나 움직일 수 없는 장애인이 되었습니다. 건장한 근육질의 사내가 하루아침에 '전신마비 장애인'이 됐습니다. 살 소망이 없는 그는 자살을 꿈꿉니다.

침대에 누워 자살을 상상하는 리브의 뺨에 그의 아내가 입술을 맞추며 속삭입니다. "당신은 여전히 제 사랑하는 남편입니다. 당신을 향한 저의 사랑은 조금도 변함이 없어요." 아름다운 아내 디나의 속삭임이 위로되었습니다. 리브는 아내의 위로에 힘을 얻어 열심히 재활훈련을 합니다. 그리고 팔다리를 조금씩 움직일 수 있을 정도로 발전합니다.

2004년 10월에 사망할 때까지 그는 영웅으로 살았습니다. 수많은 사람에게 희망과 용기를 공급한 위로의 아이콘이었습니다. 그는 많은 장애인에게 위로를 주었습니다. 지혜로운 아내의 외로가 '자살'을 결심한 그를 살려서 살아갈 결심을 하게 하였고, 그는 수많은 장애인에게 인생의 영감을 주는 위로의 영웅으로 살았습니다. 위로의 능력을 보여 주는 이야기입니다.

지적과 핀잔 그리고 면박으로 절망을 주는 것은 누구나 할 수 있는 일입니다. 그러나 위로하는 가능성을 믿는 **믿음**이 필요합니다. 위로하는 사람은 절망에서 이기는 소망이 필요합니다. 위로하는 사람은 입안에 가득한 비판과 비난의 말을 삼킬 수 있는 **사랑**이 필요합니다. 그리고 무엇보다도 위로하기를 바라시는 하나님의 마음을 알아야 합니다.

위로 노하우 (Know-how)

 미국 중부 디트로이트에 소재한 전등회사에 젊은 기사가 일했습니다. 그는 가난했지만, 매우 성실하였습니다. 그는 하루에 10시간씩 일하고 집으로 돌아와서는 낡은 창고에 틀어박혀 밤을 새워 일했습니다. 집 뒤뜰의 그 낡은 창고는 그의 연구실이었습니다. 젊은 기사는 수시로 연구했습니다.

 농부인 그의 아버지는 그를 못마땅하게 여겼습니다. 수차례 그 낡은 창고를 헐어 버리겠다고 야단쳤습니다. 마을 사람들도 '젊은이가 쓸데없는 일로 허송세월한다.'라며 조롱했습니다. 그런데 그의 아내는 "당신은 꼭 성공할 거예요. 난 믿어요. 언젠가는 당신의 꿈을 이룰 거예요."라며 남편을 믿어 주고 격려했습니다. 아내는 연구에 몰두하고 있는 남편 곁에서 말없이 석유 등불을 비춰 주었고, 추운 겨울밤에는 석유난로를 피워 주며 격려했습니다.

그런 세월이 3년이 지난 어느 날 아침 마을 사람들은 시끄러운 소리에 놀라 잠에서 깼습니다. 창밖에서 그 젊은 기사가 수레를 타고 있었습니다. 그 수레는 말이 끌지 않는데 굴러가는 네 바퀴 수레였습니다. 마침내 그 젊은이의 집념이 결실을 본 것입니다. 이 젊은이가 헨리 포드입니다. 그가 자동차 왕으로 인정받은 후 어느 날 "다시 태어나면 무엇이 되고 싶으냐?"는 기자의 질문에 "내 아내와 함께한다면 무엇이든 상관없소."라고 대답했답니다. 아내의 격려와 위로가 얼마나 중요한지 보여 주는 이야기입니다.

영국에 어려서부터 위대한 음악가의 꿈을 키우던 소녀가 있었습니다. 그런데 그 소녀는 16세에 청력을 완전히 잃고 말았습니다. 청력 상실은 음악가에게 사형선고나 다름이 없었습니다. 그녀는 낙심해서 절망과 좌절 속에 빠져있을 때 어머니의 한마디 격려가 희망의 빛으로 다가왔습니다.

어머니는 "너는 청력을 잃었지만, 아직 시력이 남아있다. 사람의 입술을 보고 말을 파악하는 독순술(讀脣術)을 익혀라. 그러면 계속 음악을 할 수 있다."라고 위로합니다. 그녀는 독순술을 배웠습니다. 그 결과 그녀는 사람들과 대화는 물론 비올라 연주도 가능했습니다. 그녀가 런던 심포니 오케스트라 비올라 연주자 엘리자베스 바를로입니다. 영국은 신체장애를 극복한 그녀에게 자랑스러운 영국인에게 주는 최고의 상인 프랑크 상을 수여했습니다. 어머니의 위로와 격려가 딸의 인생을 바꾼 것입니다.

위로는 능력이 있습니다. 위로를 주고받는 것이 행복입니다. 그러면 어떻게 하면 이런 위로로 사람을 살리는 삶이 가능할까요? 첫째 아픔을 충분히 공감해 주라! 실패자나 상처를 입은 사람은 외로움을 느낍니다. 홀로 실패를 당하고, 홀로 패배자가 된 것 같은 아픔을 느낍니다. 그래서 상처 입은 치료자(Wounded Healer)가 강력한 위로자입니다. 위로는 고통을 함께 느끼는 것(Compassion)이고 아픔을 공감

(Sympathy)하는 것입니다. 상처받은 이웃, 배우자, 가족 친구의 아픔을 공감해 주는 것이 위로의 시작입니다.

둘째 의도의 진정성을 공감하라! 위기의 순간을 맞은 사람은 대부분 주변의 질시와 비난을 맞이합니다. 실패를 거듭하면 진정성과 마음이 오해받기 쉽습니다. 마음을 알아주는 사람이 없을 때 외롭고 힘듭니다. 이럴 때 노력과 의도의 진정성을 알아주는 것이 큰 위로입니다. 오랫동안 실패한 포드의 진정성을 아내가 알아주었습니다. 아픔을 당한 이웃의 마음과 진정성을 알아주세요! 그것이 삶을 새롭게 하는 큰 위로요 격려입니다.

셋째 가능성을 응원하고 격려하라! 청력을 잃고 아연실색하는 엘리자베스 바를로에게 청력이 남아 있음을 어머니가 인정합니다. 그것은 바를로가 가진 가능성을 인정한 것입니다. 그러자 바를로는 불구의 한계를 극복합니다. 실패를 반복적으로 경험하면 자신이 쓸모없는 존재가 된 느낌이 듭니다. 위로는 자신의 가치를 느끼게 하는 것입니다. 가치를 인정해 주고 가능성을 인정해 주는 것은 행복과 위로를 선물하는 것입니다.

넷째 문제 해결책을 함께 찾아라! 실패자는 현실적으로 돌파구가 필요합니다. 출구 찾기가 최상의 위로입니다. 실패의 해결책이 필요한데 당사자는 실패의 출구를 찾지 못합니다. 청력을 잃고 망연자실한 엘리자베스 바를로에게 어머니가 제시한 독순술이 돌파구였습니다. 누군가를 위로하려면 주저앉아 있는 실패자를 찾아가 일으켜 객관적인 안목으로 탈출구를 찾아보세요. 실패의 자리에서 발견하는 돌파구는 참된 위로요 희망입니다.

건강한 사회는 위로와 격려의 공장장입니다. 가장 건강하고 좋은 사회가 가정입니다. 가정은 위로와 격려를 생산해야 합니다. 남편은 아내의 위로가 필요합니다. 아내는 남편의 위로를 먹고 삽니다. 자녀에게는 부모의 위로가 필요합니다. 자녀도 부모를 용납하고 위로해야 합니다. 성숙한 자녀들의 위로가 부모의 힘입니다. 위로가 행복입니다. 위로가 치료제입니다.

용서로 만드는 행복!

제럴드 잼폴스키가 쓴 〈눈물이 나도록 용서하라 (Forgiveness)〉는 책이 있습니다. 잼폴스키 박사는 스탠포드 출신 의사입니다. 저자는 이혼을 경험하면서 용서의 문제로 심각한 갈등과 아픔을 겪습니다. 그는 개인적 경험과 의사로서의 임상 경험을 바탕으로 용서의 유익과 용서의 방법을 소개하는 책을 썼습니다.

더불어 사는 인생에서 갈등은 필연입니다. 갈등이 깊으면 상처가 됩니다. 갈등의 상처는 용서를 통해서 치유가 필요합니다. 용서는 용서받는 상대를 위한 것이 아닙니다. 용서는 자신에게 주는 선물입니다. 용서는 미움이라는 마음의 암 덩어리를 제거하는 것입니다. 용서의 최초 그리고 최대 수혜자는 용서하는 사람입니다. 물론 용서받은 자도 큰 수혜자입니다. 용서는 피차의 심령 보약입니다.

스탠포드대학에 '용서 프로젝트'가 운영됩니다. 이 프로그램의 설립자 프레드 러스킨은 용서는 삶의 필수 기술이라고 주장합니다. 그는 용서는 특별한 경험이 아닌 현실이라고 말합니다. 그는 수년 동안 심리학과 의학을 통해 용서에 관한 과학적 연구를 했습니다. 그의 책 〈용서〉에서 용서가 가진 의학적 치유력과 정서적, 육체적 유익함을 자세하게 설명합니다. 러스킨은 이 책에서 "사람은 용서할 때 스트레스와 분노가 감소하고, 마음의 평화를 유지하여 건강하고 행복하게 된다!"고 강조합니다.

용서가 건강과 행복을 보장한다는 연구결과는 이 외에도 많습니다. 용서의 힘과 용서의 유익을 알아야 합니다. 인생에서 많은 능력이 필요하지만 어쩌면 용서하는 능력이 가장 중요한 능력입니다. 과거의 아픔을 잊고 용서하며 스스로 상처를 극복할 줄 아는 사람이 진정으로 성숙한 사람입니다. 용서의 능력은 회복력입니다. 과거의 상처와 아픔을 적시에 극복하는 용서의 지혜가 필요합니다.

시몬 비젠탈은 2차 세계대전 당시 유대인수용소에서 인간 이하의 생활을 했습니다. 어느 날, 독일군 부상병동에서 쓰레기를 치우고 있는데 한 간호장교가 그를 데리고 가서 어느 병사 앞에 세웁니다. 그는 죽어가는 나치 병사였습니다. 그 나치 병사는 비젠탈의 손을 잡고 "죽기 전에 제가 유대인에게 저지른 만행을 용서받지 못하면 편히 눈을 감을 수 없습니다."라고 말했답니다.

그는 작전 중 어느 작은 집에 유대인 200여 명을 강제로 몰아넣고 불을 질렀습니다. 그리고 그 집에서 뛰어나오는 사람은 모두 사살하라는 명령을 받았습니다. "2층 창문에서 한쪽 팔에 어린아이를 안은 남자를 보았어요. 그는 한 손으로 어린아이의 눈을 가리더니 창문으로 뛰어내렸어요. 아기 엄마로 보이는 여자도 뛰어내렸고요. 우리는 그들에게 무차별 사격을 했습니다. 저는 그 일을 잊을 수 없습니다. 그날의 죄를 용서받고 싶습니다."

　그 나치 병사는 죽어가며 비젠탈에게 용서를 구했습니다. 그러나 비젠탈은 자신의 상처가 너무 컸기 때문에 아무 반응을 못 했습니다. 비젠탈은 그 병사를 한참 바라보다가 한마디도 하지 않은 채 그 자리를 떠났습니다. 결국, 비젠탈은 그 병사를 용서할 기회를 갖지 못했습니다. 전쟁이 끝나고 수용소에서 나온 비젠탈은 그 젊은 나치 병사를 잊을 수 없었고 그 일을 회상할 때마다 용서하지 못한 괴로움에 치를 떨었답니다.

　용서받은 자의 기쁨과 감격이 있습니다. 우리는 용서 받으며 살아야 합니다. 용서받은 자의 자유함과 만족도 중요하지만, 용서를 베푼 자, 용서한 사람의 기쁨과 자유함도 용서받은 자와 버금가는 것입니다.

　위스콘신 대학교 교육 심리학과 교수인 로버트 엔라이트(Robert Enright)박사는 국제용서연구소(International Forgiveness Institute)를 설립해서 용서에 관한 종합적인 연구를 하였습니다. 우선 그는 용서 잘하는 사람과 용서를 잘 못하는 사람을 찾았습니다. 연구결과는 '일반적으로 신경질적이며 쉽게 노여워하는 사람들은 오랜 기간이 지난 후에도 다른 사람들보다도 용서하기가 힘들다'는 것입니다. 특히 이러한 사람들이 그들에게 피해를 준 사람을 피하려 하고, 복수를 원하기도 한다는 것을 발견했습니다.

더 중요한 발견은 용서하는 사람들이 분노를 품고 있는 사람들보다 훨씬 더 행복하고 더 건강하게 산다는 것입니다. 사람들이 용서할 때 심장혈관 및 신경계의 기능이 증진된다고 합니다. 아울러 용서하는 사람들은 질병으로 느끼는 고통도 적다고 합니다. 요컨대 용서하는 사람이 훨씬 더 건강하게 오래 산다는 것입니다. 용서로 가장 큰 혜택을 누리는 사람은 바로 용서하는 사람 자신입니다. 너그럽게 용서하며 사는 사람이 건강과 행복을 누리게 됩니다. 오늘 당장 용서를 실천해 보세요! 용서로 더 큰 행복을 누리시길 바랍니다!

용서의 의미
행복으로 가는

1985년 5월 14일 미국 인디애나주에서 성경공부를 도와주던 루스 펠케(78) 할머니를 여고생 4명이 찾아갑니다. 성경공부를 하고 싶다는 말에 할머니는 선뜻 문을 열고 그들을 집안으로 들였습니다. 그 순간 15세의 소녀 폴라 쿠퍼는 꽃병으로 할머니의 머리를 내리칩니다. 쓰러진 할머니가 주기도문을 외우자 쿠퍼는 준비했던 부엌칼로 할머니의 팔과 다리에 칼질하고, 복부를 33차례 찔렀습니다. 이렇게 해서 네 소녀가 훔친 돈은 10달러였다.

앳된 소녀들의 잔혹한 살인은 미국을 충격에 빠뜨렸습니다. 재판부는 공범 3명은 25~60년형을, 주범 쿠퍼는 사형을 선고합니다. 당시 인디애나주에선 10세 이상은 사형이 가능해 쿠퍼는 최연소 사형수가 됐습니다. 쿠퍼 구명운동이 일어나 미국은 물론 유럽에서도 소녀 사형수를 위한 구명운동에 200만 명이 참여합니다. 당시 교황 요한 바오로 2세도 동참했습니다.

그러나 펠케 할머니를 기억하는 인디애나주는 요지부동이었습니다. 특히, 자신들에게 성경공부를 인도해 준 할머니를 살해한 범행에 분노가 대단했고, 쿠퍼의 감옥 생활도 입방아에 올랐습니다. 심지어 간수들과 자신의 독방에서 성관계를 했다는 의혹이 제기돼 임신 반응 테스트를 받기도 했습니다. 코너에 몰린 쿠퍼는 모든 희망을 내려놓았습니다.

그러나 이렇게 삶을 포기한 쿠퍼에게 구원 손길이 펠케 할머니의 손자 빌 펠케로부터 왔습니다. 빌도 다른 유족들처럼 분노하며 사형수의 처형을 원했었지만, 쿠퍼의 사형선고가 내려진 후에 빌은 악몽에 시달립니다. 마음을 가다듬고 무엇이 문제인가를 살폈습니다. 문득 "할머니가 살아계셨다면 어떻게 하셨을까? 쿠퍼를 용서하고 되레 품어 주지 않았을까"라는 생각을 합니다. 그러자 거짓말처럼 악몽이 사라지고 이상한 생각도 사라집니다.

빌은 용기를 내어 쿠퍼를 찾아가 할머니의 삶을 위해서, 자신의 마음의 평안을 위해서 용서를 결단합니다. 그리고 용서를 선포했습니다. 이런 과정에서 빌은 용서가 주는 축복을 깨닫고, 용서가 자신에게 큰 선물이었음을 알게 됩니다. 빌은 '가해자를 용서하는 살인 피해자 유족회라'는 시민단체를 만들어 매년 가해자와 피해자 가족들이 모여 교제하면서 상처를 보듬는 자리를 갖습니다. 용서의 축복을 누리게 하는 활동입니다.

용서가 무엇인가요? 용서에 대한 부담을 갖고 사는 사람 중에 많은 사람이 용서를 어렵게 생각합니다. 테네시 주립대학교 캐서린 로울러 교수 연구팀은 용서에 대한 개념 정리가 어려운 이유가 용서에 대한 정의가 다양하기 때문이라고 말합니다. 용서라는 개념에 중요한 합의점이 있긴 하지만 용서에 대한 보편적인 개념 설정은 불가능하다고 말합니다. 심리학에서 말하는 용서의 기본 개념을 소개합니다.

먼저 용서는 자신이 받은 상처를 인정하는 것입니다. 상처가 없다면 용서도 필요 없습니다. 엄밀히 따지면 용서라는 선물은 상처에서 출발하는 것입니다. 그리고 '용서'의 과정을 통해 상처가 치유되는 것입니다. 그러므로 용서의 과정을 시작하려면 자신에게 있는 상처의 아픔을 인정해야 합니다.

둘째, 용서는 아픔을 극복하는 과정입니다. 용서는 사건이 아니라 과정입니다. 용서가 과정이기에 용서를 작정한 용서(Decisional forgiveness)와 감정적 용서(Emotional forgiveness)로 구분합니다. 감정적으로 완전히 용서되지 않았지만, 마음으로 용서를 결심했다면 이미 용서가 시작된 것입니다. 그러므로 감정적으로 용서가 되지 않아도 용서를 작정해야 합니다.

셋째, 용서는 자유입니다. 용서는 가해자의 잘못을 잊고, 분노와 복수심에서 자유를 선언하는 것입니다. 상처 입은 사람은 원한을 품고 삽니다. 그 원한으로 더 고통당합니다. 용서는 원한과 복수의 사슬에서 스스로 해방을 선포하는 것입니다. 용서는 원한과 복수의 사슬에서 벗어난 자유입니다.

넷째, 용서는 가해자에게 주는 자유입니다. 용서는 가해자를 더는 가해자로 보지 않는 것을 의미합니다. 만일 그 사람이 가해자가 아니면 나도 피해자가 아닙니다. 자신을 피해자로 여기면 인생이 힘들고 어렵습니다. 여기서 가해자에게 자유를 주는 것이 관계의 개선을 의미하는 것은 아닙니다. 용서는 과거를 과거로 흘려보내는 것입니다.

용서의 유익을 모르는 사람은 거의 없습니다. 그러나 용서를 실천하지 못합니다. 용서를 조금은 편안하게 접근할 필요가 있습니다. 우선, 용서는 과정입니다. 깨끗한 감정의 정리나 관계 회복 같은 부담을 버리고 용서를 결심하면 용서는 시작됩니다. 용서는 자유와 해방을 선물합니다.

행복합니다!
도전하는 삶이

'순천 소녀시대'로 불리는 할머니들이 계십니다. 그분들은 어릴 때 배우지 못했습니다. 못 배운 것이 한이 된 할머니들이 뒤늦게 공부했습니다. 기역니은을 배우며 동그라미, 네모 그리는 것을 배웠습니다. 3여 년의 공부 끝에 할머니들은 작품들을 세상에 내놓았습니다. 순천, 서울 그리고 해외에서 전시회를 했습니다. 그리고 책도 냈습니다. 할머니들이 펴낸 책이 〈우리가 글을 몰랐지, 인생을 몰랐냐?〉입니다. 얼마나 근사합니까?

할머니들은 책에 그들의 이야기를 담았습니다. 자기소개서, 잔인하게 가난했던 어린 시절, 옹색한 신접살림, 구박받았던 시집살이, 여러 설움, 글을 몰라 무시당했던 기억 등등을 거침없이 토해냈습니다. 할머니들의 생생한 삶의 이야기가 담겨 있습니다. 짧게는 50년, 길게는 80년 이상 문맹의 설움을 견디며 참고 억눌려 왔었던 가슴 속 이야기를 터뜨린 것입니다.

할머니들은 60대, 70대, 80대 할머니들입니다. 수십 년을 까막눈으로 글자와 상관없이 살았던 분들입니다. 공부하며 얼마나 힘들었겠습니까? 아마 포기하고픈 맘이 굴뚝같았을 것입니다. 이 나이에 한글을 배우고, 그림을 배워서 무엇을 할까? 하는 회의도 했을 것입니다. 하지만 할머니들은 포기하지 않았습니다. 할머니들은 꿈을 이룬 멋진 청춘들입니다. 그녀들은 도전에서 성공하여 행복을 쟁취한 멋진 분들입니다. 할머니들은 행복한 청춘들입니다.

초밥의 명장, 안효주라는 분이 있습니다. 이분은 일식당 냄비를 닦는 사람이었습니다. 그는 초밥 요리사로 성공하고 싶었습니다. 그는 초밥의 전문가로 성공하기 위해 도전했습니다. 그는 피나는 노력을 했습니다. 초밥 요리사는 한 번에 적당한 양의 밥을 쥐는 것이 중요합니다. 안효주 씨는 연습했습니다, 안효주 씨가 생선 초밥용으로 밥을 쥐면 식사용은 3백 50톨, 안주용은 280톨, 여성 손님 다이어트용은 2백 78톨이랍니다. 공개적인 시험 결과 10번 중 8번이 한 톨도 틀리지 않고 정확했답니다.

그의 도전은 여기서 그치지 않습니다. 젊은 날에 성공하면 남을 돕고 살겠다는 결심을 했습니다. 그 결심을 실천하려고 외로운 노인들에게 초밥을 대접하는 일을 합니다. 그는 섬기고 나누는 삶도 이뤘습니다. 초밥 명장의 멋진 도전은 눈부시도록 아름답습니다. 그는 행복한 요리사입니다.

에이미 멀린스(Aimee Mullins)는 미국의 육상 선수요, 배우요, 모델입니다. 그녀는 종아리뼈가 없이 태어났습니다. 1세 때 무릎 아래 절단 수술을 했습니다. 각고의 노력 끝에 조지타운 대학교를 졸업했습니다. 대학교 때 전미 대학 경기 협회(NCAA) 육상 경기에 출전했습니다. NCAA 최초 장애인입니다. 1996년 하계 패럴림픽에도 참가하였으나 육상 100m에서 예선 탈락, 멀리뛰기에서 7위를 차지했습니다. 하지만 그녀는 도전의 승자였습니다.

에이미 멀린스는 역경을 기회로 바꾼 사람입니다. 그녀의 치명적인 약점 장애가 그녀의 실력이 되었습니다. 그녀는 도전의 상징이 되었습니다. 그녀에게 역경은 기회가 되었고 자랑이 되었습니다. 에이미 멀린스는 자신의 역경 때문에 성공한 사람이 되었습니다.

세상은 멋진 도전으로 꽃 피운 인생들이 있어서 아름답습니다. 한계에 도전하는 삶에는 향기가 있습니다. 역경은 거꾸로 읽으면 경력입니다. 역경을 극복하면 그 역경은 경력이 되고, 실력이 됩니다. 극복된 역경은 자랑이 되고, 영광이 됩니다. 극복된 어려움은 인생 계급장입니다.

〈도전만이 희망이다〉라는 책의 저자 정훈기 씨는 뇌성마비 장애인입니다. 한국에서 장애인의 삶은 만만치 않습니다. 그는 절망하거나 포기하지 않았습니다. 그는 1994년 뇌성마비 장애인 최초로 서울대학교에 입학합니다. 만만치 않았지만, 서울대학교를 우수한 성적으로 졸업합니다.

그런데 비록 서울대학교를 졸업했지만, 취직은 또 다른 어려움이었습니다. 그는 또 도전합니다. 일반인들과 경쟁하여 60대 1의 경쟁률을 뚫고 대기업에 합격합니다. 그래서 정훈기 씨는 대기업에 공채로 취직한 장애인으로도 유명합니다.

존 듀이 박사가 90회 생일을 맞았을 때 누가 "그동안 많은 일을 하셨는데 이제 무엇을 할 생각입니까?"라고 물었습니다. 그러자 그가 "산맥은 깊습니다. 산 하나를 넘으면 또 다른 산이 있지요. 나는 여전히 새로운 산을 향해 올라갈 것입니다"라고 했답니다. 앞에 나타난 장애는 도전 정신을 자극합니다. 도전 정신을 자극하는 고지가 보이면 아직 청춘입니다. 반면에 도전 정신을 자극하는 고지가 보이지 않으면 이미 늙은 인생입니다.

도전의 아름다움!

　앨리슨 래퍼(Alison Lapper)라고 하는 분이 있었습니다. 1965년에 영국에서 태어났습니다. 해표지증이라고 팔과 다리가 없이 손과 발만 몸에 붙어서 태어나는 병입니다. 그녀는 생후 6주 만에 부모님에 의해 버려집니다. 그래서 그녀는 보호시설에서 어린 시절을 보냅니다. 그녀는 팔과 다리가 없는 장애아로 보호시설에서 자라며 많은 상처를 받습니다.

　그녀는 22세에 결혼을 했는데 남편이 폭행합니다. 아이를 갖는데 번번이 유산합니다. 그런데 아이를 갖고 싶습니다. 그런 그녀에게 주변에서 만류합니다. 장애인인 그녀가 임신하면 아이도, 당신도 문제가 될 수 있다며 걱정합니다. 그녀는 2년 만에 이혼합니다. 그 후 몇 번의 연애와 유산을 경험하고, 34세에 다시 아이를 갖습니다.

그녀는 장애와 고난을 극복하고 어릴 때부터 관심이 있었던 미술 공부를 뒤늦게 시작하여 해딜리 예술종합학교와 브라이튼 대학에서 미술을 전공하여, 최고우등학위로 졸업합니다. 그녀는 구족화가로 활동합니다. 그녀는 임신한 여성의 몸과 모성애를 주제로 작품을 펼쳐왔으며, 이런 작품 활동은 장애인과 여성들에게 희망을 준 공로로 인정돼, Women's World Awards'에서 '세계 여성성취상'을 수여했습니다.

그녀는 장애인으로 겪었던 파란만장한 체험담 〈앨리슨 래퍼 이야기〉를 출간했습니다. 당당하게 장애와 맞선 앨리슨 래퍼의 용기 있는 삶을 고스란히 녹여냈습니다. 그녀는 장애에 대한 대중의 편견을 깼으며, 아름다운 여성의 상징이 되었습니다. 두 팔이 없는 래퍼가 숟가락을 입에 물어 아들에게 음식을 먹이고, 자동차에 아이를 태워 짧은 두 다리로 운

전해 등교를 시킵니다. 이런 래퍼의 일상을 소개한 TV 프로그램은 큰 감동을 주었습니다.

그녀는 이렇게 고백합니다. "하나님은 우리에게 감당할 만큼의 고통을 주십니다. 큰 고통을 주는 것은 크게 쓰이기 위해서입니다. 저는 장애를 갖고 태어났지만, 긍정적 생각으로 저의 장애를 극복했습니다. 긍정적인 생각과 습관이 저의 인생을 바꾸어 놓았습니다. 나에게 무엇인가를 할 수 없다고 말할 때마다 더 열심히 노력했습니다. 저의 부족한 1%의 의지가 99%의 도전을 가능케 하고 마침내 세상을 움직이는 동력이 되었습니다."

그녀는 도전의 행복을 말합니다. "저는 장애가 있는 지금이 행복하고 감사합니다. 어려운 상황은 언젠가 끝나며 앞으로 나가다 보면 꿈도 이룹니다. 고통도 축복입니다. 극복할 수 없는 장애는 없습니다. 장애는 마음속에 있는 것일 뿐 마음의 장애를 이겨내고 새로운 것에 도전한다면 많은 것을 이룰 수 있습니다."라고 했습니다. 그녀는 수많은 장애와 난관을 뛰어넘는 도전의 삶을 통해 행복을 누립니다. 그녀는 행복한 도전자입니다.

브루클린 다리(Brooklyn Bridge)는 뉴욕에 있는 미국에서 가장 오래된 현수교 중 하나입니다. 1883년에 완공되어서 뉴욕 동쪽 강 이스트 리버(East River)를 건너 브루클린에서 맨해튼까지 연결하는 다리입니다. 세계 최초의 철제 교각입니다.

　이 다리를 처음 놓겠다고 한 사람이 로우블링(A.J. Roebling)이라는 사람입니다. 로우블링은 원래 이 다리가 없을 때 브루클린행 배를 타고 가다가 배가 얼음에 갇혀 오래 지체한 경험 후에 '공중에 매다는 다리를 만들겠다.'라고 말하곤 했답니다. 그 말에 모든 사람은 '말도 안 되는 얘기를 한다.'며 핀잔을 주었습니다. 그러나 그는 꿈을 가졌습니다.

　설계하고 공사를 시작하는데 공사가 시작될 때 이 페리와 선착장 사이에 다리가 끼어서 으깨집니다. 그는 다리를 잘라내고 3주 후에 파상풍으로 죽었습니다. 그러나 다리 건축공사는 중단되지 않았습니다. 그의 아들 워싱턴 로우블링(Washington Roebling)이 이어서 공사를 진행합니다. 그런데 이 아들도 공사 중에 병에 걸려 반신불수가 됩니다.

　그러나 공사는 중단되지 않았습니다. 워싱턴의 아내 에밀리 로우블링(Emily Warren Roebling)이 남편에 이어 다리 공사를 맡아 13년 만에 공사를 완공합니다. 많은 난관이 있었지만, 그들은 포기하지 않았습니다. 온 가족이 도전하여 13년 만에 이 다리가 완성되어 명물이 됐습니다.

장애를 넘어 도전하는 길에 행복이 있습니다. 장애에 도전하며 희망을 품고 장애를 뛰어넘을 때 행복이 자랍니다. 꿈꾸며 도전하는 사람이 행복한 사람입니다. 도전하며 발산하는 힘이 행복의 에너지입니다. 도전하며 흘리는 땀이 행복을 가꿉니다.

격려로 행복을 만들자!

　미국 중서부 어느 대학에 천재적인 문학 재능을 가진 학생들이 '문학비평클럽'을 만들어 정기적으로 서로의 작품을 비평했습니다. 비평을 통해 문학적 재능을 최고로 끌어낼 수 있다고 생각했습니다. 그 대학에는 또 다른 문학 클럽, '문학토론클럽'이 있었습니다. 이들은 서로 작품을 읽고 비판하기보다는 격려했습니다. 이 클럽에서는 모든 참가자가 격려를 받았습니다.

20년이 후 그 대학 교무과에서 학생들의 삶을 조사했습니다. 결과는 놀라웠습니다. '문학비평클럽' 천재들은 이렇다 할 성취를 거두지 못했습니다. 그러나 서로 격려했던 '문학토론클럽'은 여섯 명의 뛰어난 작가를 배출했습니다. 비판과 비난은 생명력이 없습니다. 그러나 격려는 생명력이 있습니다. 격려는 용기를 주고, 삶의 희망을 줍니다.

자동차 왕 헨리 포드는 늘 남을 격려하는 것이 중요함을 말했다고 합니다. 포드가 이렇게 격려를 강조했던 이유가 있었습니다. 발명가이며 제작자였던 포드는 젊은 시절에 격려의 힘을 스스로 체험했습니다. 이미 많은 사람의 비판과 조롱에 지쳐있던 젊은 발명가 포드는 어느 저녁 식사 모임에서 주위 사람들에게 그가 발명하려는 엔진에 관해 설명했답니다.

그 식사 모임에 에디슨이 참석했었는데 몇 좌석 건너에 있던 에디슨이 포드의 설명을 주의 깊게 듣다가 일부러 자리를 옮겨와 포드에게 그림을 그려 보도록 부탁했습니다. 스케치가 완성되고 포드의 설명이 끝나자 에디슨은 흥분해 책상을 치며 말했답니다. "젊은이, 이것은 걸작이야. 자네는 이것을 벌써 해낸 거나 마찬가지야!" 수년 후, 포드는 "당시 에디슨이 책상을 내리치는 순간, 나는 온 세상을 얻은 기분이었다."라고 회상했습니다.

코미디언 '밥 호프'가 월남전 참전 용사 위문공연에 초청을 받았습니다. 너무 바빠 몇 번씩 사양했지만, 너무 중요한 공연이라고 꼭 동참해 달라는 요청을 받고 얼굴만 보이는 5분 출연을 약속했습니다. 그런데 공연장에 도착해서 무대에 올라가서 30분 이상을 공연했습니다. 진행하는 사람들이 놀랐습니다. 그래서 "오랜 시간 머물러도 되느냐? 무슨 일이냐?" 등등의 질문을 했습니다.

그러자 밥 호프는 무대 맨 앞에 있었던 두 상이용사를 가리키며 '저 사람들 때문입니다'라고 대답하더랍니다. 그는 맨 앞줄에 앉아 있는 두 상이용사를 가리켰습니다. 두 상이용사는 팔을 하나씩 잃어버린 중증 상이용사들이었는데, 두 사람은 서로 한 손을 들고 서로 손뼉을 치며 열심히 노래를 따라 부르고 있었다는 것입니다. 그러면서 밥 호프는 "오늘 저는 참된 격려가 무엇인지 배웠습니다"라는 말을 남겼답니다.

과거 시카고 마라톤대회에서 세계신기록으로 우승한 모로코의 '할리드 하누치'라는 선수가 있습니다. 그런데 그의 영광 뒤에는 아내의 독특한 내조가 있었다고 합니다. 하누치는 모로코에서 태어나 열다섯 살 때부터 육상을 시작했습니다. 국내 대회에서 몇 차례 우승한 그는 세계대회 출전을 신청했으나 번번이 거절당했습니다. 이유는 "세계기록과는 많은 차이가 난다. 입상하지 못할 바에야 대회출전은 의미가 없다"라는 것이었습니다.

그는 아메리칸드림을 꿈꾸며 미국으로 건너왔지만, 마음의 안정을 찾지 못한 채 방황하고 있었습니다. 그때 체육학을 전공한 한 여인이 다가와 말했습니다. "당신은 소질이 있어요. 세계 최고의 선수가 될 거예요." 그는 결국 꿈을 이루게 되었습니다. 그리고 그가 꿈을 이룰 수 있도록 도왔던 여인의 이름은 산드라, 하누치의 아내이며 코치 겸 매니저였습니다.

성공한 사람들의 뒤에는 항상 격려하는 사람들이 있습니다. 만약 지금 누군가 인생에 성공하여 기쁨을 누리고 있는 사람이 있다면 아마도 그의 뒤에도 그를 믿어 주고 격려해

준 사람이 있을 것입니다. 격려는 사람을 세워주고 감춰진 가능성들을 열매 맺게 하는 놀라운 힘이 있습니다.

격려의 영향력, 격려의 힘은 대단합니다. 격려는 자신을 행복하게 하고 이웃을 행복하게 합니다. '마크 트웨인'은 '멋진 칭찬을 들으면 그것만 먹어도 두 달은 살 수 있다'고 했습니다. 격려는 근사한 칭찬입니다. 격려가 행복입니다. 코로나로 모두가 어려운 상황입니다. 주변을 격려해야 합니다. 모르는 사람도 격려하며 살아야 합니다. 격려로 행복을 누리시길 바랍니다.

격려는 행복 공장

 이태리 어느 작은 마을에 유명한 오페라 가수를 꿈꾸던 한 청년이 있었습니다. 그는 혼자 열심히 노래를 연습하다가 오페라 가수를 선발하는 오디션에 참가하였습니다. 그런데 이 청년은 최선을 다해 도전하며 노래했지만, 오디션에서 탈락했습니다. 이 청년은 크게 좌절했습니다. 그는 다시는 노래를 부르지 않고 싶어서 다시는 노래를 부르지 않겠다고 결심합니다.

그런데 그때 그의 어머니가 그에게 이렇게 이야기했습니다. "아들아, 나는 네가 세상에서 가장 아름다운 목소리를 가졌다는 것을 안단다. 이 엄마는 네가 부르는 노래를 들을 때마다 너무 행복하단다. 엄마는 네가 꼭 유명한 오페라 가수가 되리라 믿는다." 이 말을 들은 그 청년은 다시 노래를 부릅니다. 그리고 결국 그는 세계적인 오페라 가수가 되었습니다. 그가 엔리코 카루소입니다. 어머니의 격려가 그를 위대한 음악가로 만들었습니다.

엔리코 카루소(1873-1921)는 성악가들의 목소리가 녹음되기 시작한 이후 최고의 연주력으로 세계적인 스타가 된 성악가로 알려집니다. 아울러 녹음된 그의 목소리만으로도 100여 년 가까이 '오페라의 황제' '테너의 제왕' '성악 발성의 교과서'라는 다양한 별명으로 화려하게 활약 중입니다. 그의 신화는 진행 중입니다. 칭찬과 격려는 인생을 바꾸는 힘이 있습니다. 오늘도 격려와 칭찬으로 제2, 제3의 엔리코 카루소가 자라고 있습니다.

노스캐롤라이나주 시골에 말썽꾸러기 소년이 있었습니다. 지독한 개구쟁이 그 소년은 부모의 큰 걱정거리였습니다. 어느 날 마을 할머니 한 분이 이 소년의 어깨를 잡고 이렇게 말했습니다. "애야! 너는 성격이 쾌활하고 말을 잘하니 훌륭한 목사가 될 수 있겠다." 그 소년은 그 격려를 마음속에 간직합니다. 소년은 훗날 신학을 공부했고 유명한 복음 전도자가 되었습니다. 그 소년이 빌리 그레이엄입니다. 할머니가 무심코 던진 긍정적인 격려로 말썽꾸러기 소년이 세계적인 복음 전도자가 되었습니다. 격려의 힘입니다.

19세기 초에 활동했던 유명한 화가 벤자민 웨스트라는 사람이 있습니다. 벤자민 웨스트가 어렸을 때였습니다. 어느 날 부모님이 외출하고 웨스트와 여동생만 집에 있는데, 심심한 나머지 바닥에 물감을 풀어서 여동생을 그리기 시작했습니다. 잠시 뒤에 그의 부모님이 외출에서 돌아왔습니다.

집안이 엉망진창이었습니다. 그렇지만 그의 부모님은 벤자민을 야단치지 않고 그를 칭찬했습니다. "우리 아들 벤자민! 그림 참 잘 그렸네. 우리 벤자민은 커서 훌륭한 화가가 될 거야!"라고 말했습니다. 특히, 벤자민의 어머니는 벤자민을 꼭 안아주며 머리를 쓰다듬으며 볼에 뽀뽀해 주었습니다. 훗날 벤자민은 "내가 세계적인 화가가 될 수 있었던 것은 어머니의 그 뽀뽀 때문이었습니다."라고 고백했습니다. 격려의 힘을 보여 주는 실례입니다.

존 맥스웰과 짐 도넌은 격려의 중요성을 강조합니다. 그들은 사람의 인내력 측정 시험을 소개합니다. 얼음이 담긴 양동이 속에서 사람이 맨발로 얼마나 오래 서서 버틸 수 있는지를 실험을 하였습니다. 그 결과 한가지 요인을 작용시키면 보통의 경우보다 두 배나 오래 버틸 수 있다는 사실이 밝혀냅니다. 그 한 가지 요인이 "격려"입니다.

도움과 격려를 해주는 사람과 함께 한 실험 대상자는 그렇지 않은 실험 대상자보다 고통을 훨씬 오래 참을 수 있었습니다. 존 맥스웰은 "격려를 받은 사람은 불가능에 도전하고 커다란 역경을 극복할 수 있다"라고 말합니다. 동화작가 안데르센의 천재성은 어머니의 격려로 개발이 되었고, 아인슈타인의 창의성은 어머니의 격려로 깨어났다고 합니다. 세계적 고고학자 슐리만 박사는 아버지의 격려로 고고학자가 되어 트로이의 유적을 발굴했고, '왈츠의 왕'으로 불리는 요한 슈트라우스도 아버지의 격려로 〈아름답고 푸른 도나우〉를 작곡했다고 합니다.

격려가 필요치 않은 사람은 아무도 없습니다. 격려하지 못할 사람도 없습니다. 그 누구도 자기가 한 일에 대하여 인정받기를 원치 않고 감사히 여김을 받기를 원치 않는 사람은 없습니다. 인정해 주고, 신뢰해 주고, 도움을 주는 이 세 가지 격려가 우리 모두에게 필요합니다. 격려로 인생이 가꾸어집니다. 격려로 행복을 가꿀 수 있습니다. 격려를 주고받는 삶에 참 행복이 있습니다.

누리는 행복 고통을 이기고

어느 스승 목수가 견습생 목수를 데리고 숲속을 걷습니다. 숲에서 오래되고 웅장하고 멋들어진 큰 참나무 아래에 앉아서 잠시 쉬며 땀을 식힙니다. 땀이 식을 때쯤 스승 목수가 묻습니다. "자네는 이 나무가 어떻게 이렇게 크고 웅장하고 아름답게 자라게 되었는지 아는가?" 견습생 목수는 고개를 갸우뚱하며 대답합니다. "잘 모르겠습니다!"

스승이 말하기를 "이 나무가 이렇게 크고 웅장한 모습을 갖게 된 이유는 그동안 쓸모가 없었기 때문이야. 만일 이 나무가 쓸모가 있었다면 오래전에 잘려서 탁자나 의자가 되었을 거야. 그런데 그다지 쓸모가 없었던 까닭에 이렇게 크고 아름답게 자라서 오늘의 그늘을 만든 거야!" 타오가 쓴 〈완벽하지 못함의 축복〉이라는 글에 나오는 이야기입니다.

너무 튀려고 하지 말아야 합니다. 튀면 유혹의 도끼가 찾아옵니다. 빨리 쓰임을 받는 것은 그만큼 단명하는 것입니다. 빨리 주목받지 못함을 서러워하지 말고 기다릴 줄 알아야 합니다. 지혜로운 삶은 기다림의 시간을 활용하는 삶입니다. 기다림의 시간을 활용하는 것은 자신을 갈고닦는 시간을 갖는 것입니다. 자신을 갈고닦으며 보내는 세월을 보낸 만큼 여유를 가질 수 있습니다. 때를 기다리며 준비하는 사람은 조급하지 않습니다.

현대 유대인들이 유월절을 맞으면 부르는 '아니마민(Animamin)'이라는 노래가 있습니다. '아니마민'이란 히브리어로 '나는 믿는다!'라는 말입니다. 희망을 노래하는 아름다운 노래입니다. 그런데 이 노래가 처음으로 만들어지고 불려진 곳은 놀랍게도 절망의 현장이었던 아우슈비츠 수용소였습니다. 이 곡을 처음에 만들어 불렀던 사람도 수용소의 유대인이었습니다.

이 노래는 이렇게 시작됩니다. "우리는 메시야가 오시리라는 것을 믿습니다. 그러나 조금 늦게 오십니다. 나는 믿습니다. 나는 믿습니다. 영원한 평화의 그 날이 이 땅에 오리라 나는 믿습니다. 그때가 다가오고 있으며 더딜지라도 오리라 나는 믿습니다." 아침에는 아내가 점심때는 아들이 죽어가는 절망의 수용소에서 유대인들은 희망을 노래했습니다. 그들은 자신들을 구원하실 메시야가 오실 것이라는 소망을 간직하며 기다리고 있었습니다.

그들은 "나는 믿습니다. 나는 믿습니다. 영원한 평화의 그 날이 이 땅에 오리라 나는 믿습니다." 유대인들은 이런 노래를 부르며 절망과 고난의 날들을 이겨냈습니다. 그리고 그들은 지옥 같은 아우슈비츠 수용소에서 살아 나와 이스라엘을 재건했습니다. 그래서 이스라엘 백성들은 지금도 유월절이 되면 '아니마민'을 부르며 희망을 기다리며 노래합니다.

아니마민을 통해 희망을 노래한 그들은 인내했습니다. 죽음이 난무하는 수용소에서 그들은 포기하지 않고 인내했습니다. 인내는 그냥 견뎌내는 것 이상입니다. 인내는 절망의 상황에서 희망을 보고 상황을 이기는 적극적이고 능동적인 힘입니다. 인내는 희망을 품고 그래서 인내는 후유증을 현격하게 줄여서 기다림의 상처를 없게 합니다.

2차 대전에 나치수용소에 갇혔다가 극적으로 살아남은 네덜란드의 코리 텐 붐(1892~1983)여사가 남긴 말입니다. "기차가 캄캄한 터널 속으로 들어가 어두워졌다고 해서 기차표를 찢거나 기차에서 뛰어내려선 안 됩니다. 조용히 앉아 기관사를 믿고 기다리면 잠시 후 터널 밖 밝은 세상을 볼 수 있습니다." 이 말은 공포와 절망이 나를 둘러쌀 때 포기하지 말고 희망을 품고 기다려야 한다는 말입니다.

오스트리아 정신분석학자 빅터 플랭클(Victor Frankle)은 자신의 경험을 나누는 저서에서 나치수용소 경험을 나눕니다. 도저히 사람이 살아갈 수 없는 환경에서 끝까지 살아남은 사람은 희망을 품었던 사람이라는 것입니다. 예컨대 꼭 만나야 할 사람이 있는 사람, 즉 사랑하는 애인이나 아내, 가족이 기다리고 있는 사람은 인내하며 견뎌냈다는 것입니다.

아울러 살아서 자신이 꼭 이룩해야 할 일이 남아 있는 사람들이었다고 합니다. 희망은 인내하게 합니다. 희망의 인내는 삶의 큰 힘입니다.

삶의 보람과 행복한 시간을 희망하는 사람은 인내합니다. 인내를 지탱하는 힘이 희망이요 기대입니다. 좋은 날을 기대하며 행복을 바라세요. 행복의 희망으로 인내하시길 바랍니다.

LET'S BE HAPPY
TOGETHER

♥
행복 선진국 덴마크와 그룬트비
♥
행복 선진국 덴마크의 기초가 된 기독교 정신
♥
덴마크의 휘게스러운(Hyggeligt) 행복
♥
행복 선진국 핀란드의 행복 인프라
♥
행복을 연습하는 핀란드의 행복 교육
♥
너그러움과 넉넉함이 있는 핀란드 휘바 행복
♥
학생이 행복한 네덜란드의 행복 교육
♥
관용과 배려가 있는 네덜란드의 노인 행복!
♥
코스타리카의 행복! 프라 비다(Pura Vida)!
♥
행복 선진국 부탄의 행복 가꾸기
♥
부탄 행복의 선구자 4대왕 지그메 싱게 왕축

행복을 누리는 나라의 행복론!

제4부 · 행복 선진국의 비밀

덴마크와 그룬트비
행복 선진국

　덴마크는 행복 선진국입니다. 덴마크는 우리에게 동화작가 안델센과 철학자 키엘케골로 잘 알려진 나라입니다. 공식적인 국호는 덴마크 왕국(Kingdom of Denmark)이며, 한자어로는 정말(丁抹) 나라입니다. 북유럽의 유틀란트반도와 씨일랜드(Zealand) 등 500여 개의 부속 도서로 구성되었으며, 해안선의 길이는 7,314㎞에 달합니다.

　덴마크는 세계 최고 수준의 삶의 질(quality of living)을 자랑합니다. 콜럼비아대 제프리 삭스 교수 등이 발간한 "2016년 세계 행복 보고서"에서 행복 1위 국가였습니다. 157개국 중에서 가장 행복한 나라로 인정받은 것입니다. 근자에 수년간 덴마크의 행복지수는 늘 수위를 차지했습니다. 공신력 있는 국제기관들의 다양한 행복지수 조사에서 덴마크는 늘 수위를 차지하는 종합 행복 선진국입니다.

그러나 자세히 살펴보면 덴마크의 현실은 그리 만족스럽지 못합니다. 일단 덴마크는 매우 추운 나라입니다. 1년의 반 정도가 겨울입니다. 길고 춥고 을씨년스러운 덴마크의 겨울은 우울증 발병률을 높여 줍니다. 게다가 세금을 아주 많이 징수합니다. 덴마크는 조세부담률이 50.9%로 세계에서 가장 높습니다. 소득의 절반 이상을 세금으로 국가에 헌납합니다. 우리 같으면 국민이 촛불 집회를 하며 저항할 법한데 덴마크 온 국민은 철저히 납세 의무를 지킵니다.

덴마크 사람들의 행복 비결을 사회적 시스템에서 찾을 수 있습니다. 덴마크는 고도의 복지국가로서 사회보장비가 예산의 3분의 1을 차지합니다. 사회복지제도 전문가들에 의하면 덴마크는 거의 완벽에 가까운 사회 복지 시스템을 갖고 있다고 합니다. 국가가 세금을 많이 징수하는 대신 국민 삶의 위기 문제를 대부분 해결해 줍니다. 덴마크에는 대학까지 교육기관에 학비가 전혀 없습니다. 즉 완전 무상 교육입니다. 물론 병원비도 전혀 없습니다. 완전 무상의료 서비스를 제공합니다. 요람에서 무덤까지 국가가 돌봐주는 그야말로 복지국가입니다.

복지국가란 국가에 의해서 사회 안전망의 구축과. 의료서비스, 교육서비스가 보장되는 국가를 말합니다. 이 세 요소는 보통 정치적 결정과 정부의 선택 그리고 국가 경제력에 달려있습니다. 여기에 인권의 보장과 민주주의 제도가 더해지면 명실상부한 복지국가가 됩니다. 복지국가에서는 사회적 약자들이 안녕감을 느끼고 살 수 있습니다. 세금만 정상적으로 잘 납부하면 덴마크 국민은 노후를 걱정할 필요가 없습니다. 자녀들 교육이나 건강 치료비를 걱정하지 않습니다. 심지어 실직에 대한 부담까지 국가가 책임집니다. 실직하면 국가에서 직전 봉급의 70%에서 90%까지 해당하는 실직수당을 2년까지 지급합니다. 덴마크는 개인 삶의 위기를 국가가 관리해 줍니다.

행복 복지국가 덴마크 뒤에는 덴마크 국부 그룬트비 목사의 사상이 있습니다. 그룬트비 사상은 자유와 평등, 그리고 민중(폴케)으로 요약됩니다. 그는 "부자가 적고 가난한 사람은 더 적을 때, 사회는 풍요로워진다"라고 했습니다. 그는 "참된 덴마크인은 인간의 자유와 독립과 존엄을 파괴하는 세력에 맞서 싸우는 사람이다"라고 가르쳤습니다. 그룬트비 정신에 의하면 국가는 개인의 자유와 독립 그리고 존엄을 보장해 주어야 합니다. 그룬트비 정신으로 무장한 덴마크는 오늘날 지구상에서 유토피아에 가장 가까운 나라로 알려집니다.

그룬트비 정신을 살피다 보면 폴크라는 말을 만납니다. 그는 폴크(Folke)를 다양한 모습으로 '진화'시켜 다양하게 사용하였습니다. 덴마크 사회에서는 Folke라는 단어가 자주 등장합니다. 학교(Folkeskole), 교회(Folkekirten), 정당(Folkepart)의 이름에도 폴크가 있습니다. Folke는 그룬트비가 유행시킨 말인데 그가 사용하는 이 용어를 그의 식대로 설명하면 '깨어있는 시민'이라는 뜻입니다.

그룬트비는 또 '신앙인들이 "깨어있는 시민"이 되어 이웃들을 "깨어있는 시민"으로 세워가야 한다!'고 가르쳤습니다. 그룬트비에 의하면 참 성도는 이웃을 진정으로 사랑하여 이웃의 존엄과 자유를 보장해 주고, 그들의 삶에 안녕감을 제공해 주는 사회적 제도 확립에 앞장서는 사람입니다. 목사의 아들로 태어나 목사로 살았던 그룬트비는 성경에 기초를 둔 사상을 발전시켜서 덴마크를 새롭게 했습니다. 덴마크의 사회 복지 철학은 그룬트비가 품은 성경 정신에 그 뿌리가 있습니다.

기초가 된 기독교 정신
행복 선진국 덴마크의

　각종 행복지수 평가에서 덴마크는 늘 세계 1위를 차지합니다. 북유럽의 행복 국가 덴마크는 행복 선진국입니다. 세계에서 가장 행복하게 사는 나라입니다. 덴마크의 GDP는 미국과 거의 유사합니다만 미국과 비교하면 훨씬 더 행복합니다. 미국은 행복 순위가 20위권 정도입니다.

　덴마크 행복의 비밀 중의 하나는 복지입니다. 덴마크는 무상 교육과 무상의료 서비스를 자랑합니다. 태어나서 죽기까지 복지가 거의 완벽합니다. 국가가 국민 개개인의 위기를 관리해 주는 사회 복지 제도를 운용합니다. 온 국민이 국가 복지시스템을 지지하고 동참합니다.

덴마크 국민은 연대의식이 아주 강합니다. 그들의 건강한 연대의식이 잘 드러나는 현장이 노동조합입니다. 덴마크는 그야말로 노동조합 천국입니다. 그들은 '둘만 모이면 노조'를 만듭니다. 덴마크 직장인 100명당 98명이 노조원입니다. 그런데 이 막강한 노조가 사리사욕이 아닌 기업과 국가의 이익을 도모합니다. 덴마크 기업은 노조 때문에 더 건실하다는 것은 잘 알려진 사실입니다.

덴마크 국민의 건강한 연대의식은 약자를 향한 사회적 배려에서도 나타납니다. 덴마크 사람들은 가난하고 연약한 이웃을 향한 책임감이 분명합니다. 덴마크 국민에게는 자신들의 세금과 기부금으로 연약한 이웃들을 돌보는 것을 당연하게 여기는 문화가 있습니다. 이런 사랑과 나눔 정신은 기독교의 '사랑'에서 출발된 것입니다. 기독교적인 사랑의 정신이 사람들의 관계 형성 그리고 사회 구성원으로서 행동 양식에 아주 깊은 영향을 주고 있습니다. 기독교 정신이 덴마크 사회와 문화 전반에 걸쳐서 깊게 배어 있습니다.

80%가 기독교 신자인 덴마크는 국교가 기독교입니다. 덴마크는 그룬트비 목사의 '행복하려면 사랑하라!'라는 기독교적 교육철학이 지배하는 나라입니다. 그룬트비(1783~1872)는 목사 집안에서 태어나 목사, 신학자, 시인, 역사가, 정치인으로 살았습니다. 덴마크 중흥의 기초를 놓은 건국의 아버지로 지금까지 온 국민의 절대적 존경을 받는 지도자입니다.

덴마크는 1864년 독일과의 전쟁에서 국토의 35%, 인구의 40% 정도를 잃었습니다. 온 국민이 좌절하고, 많은 사람이 알코올 중독자가 되었습니다. 국고는 바닥나고, 나라는 심각한 위기에 봉착했었습니다. 이 절체절명의 위기에 등장한 인물이 바로 그룬트비 목사였습니다. 그룬트비 목사는 생명력을 잃은 교회를 개혁하고 나를 살리기 위해 하나님 사랑, 이웃 사랑, 자연 사랑 즉 3애(三愛) 정신을 강조하며 나라의 회복을 주도했습니다. 이 3애가 덴마크 국민 구호가 되었습니다.

그룬트비는 나라 회복의 기초가 되는 국민 정신개조를 위해 목사님들을 먼저 설득하였습니다. 그룬트비는 목회자들이 주민들에게 희망을 심어주는 전령이 돼야 한다고 생각했습니다. 그는 목사님들에게 3애 정신과 낙농기술을 가르쳤습니다. 당시 각 지역 교회는 주민 센터가 되고, 목회자들이 덴마크 국가 개혁의 중심이 되었습니다. 당연히 덴마크의 변화와 개혁에 기독교 정신이 묻어 있습니다.

교회와 목회자들이 국가개조에 기초가 되었던 덴마크는 철저한 기독교 정신 위에 재건됩니다. 사회 전반에 기독교 정신이 살아 있습니다. 덴마크는 나치 독일 치하의 유럽에서 유일하게 유대인을 내치지 않은 나라입니다. 덴마크가 이토록 위험한 사랑을 실천한 것도 철저한 기독교 정신 위에 서 있는 나라인 까닭입니다.

덴마크 노동조합 문화나 사회복지 제도에 담긴 멸사봉공 정신과 문화도 기독교적인 사랑의 발로입니다. 이 기독교 정신은 교회나 강단에 머무르는 것이 아닙니다. 삶에서 실천되는 살아 있는 정신입니다. 기독교의 정신이 문화화되고 생활화된 나라가 덴마크입니다. 행복 선진국 덴마크를 살피면서 행복한 사회와 교회를 향한 희망이 한층 구체화하였습니다.

진정한 기독교 정신이 구현될 때 행복한 사회가 될 수 있다는 것을 덴마크 사회가 실증합니다.

덴마크의 휘게스러운 행복
(Hyggeligt)

    덴마크의 행복을 공부하면서 덴마크어 "휘게(Hygge)"를 만났습니다. 휘게는 덴마크의 행복을 포괄적으로 설명하는 단어입니다. 휘게를 처음으로 학술지에 발표한 덴마크의 제페 트롤 리넷 기자는 "덴마크의 사회적 평등과 안전한 삶이 보장받는 복지 모델과 더불어 휘게 문화는 행복지수 세계 1위 덴마크의 행복 비결"이라고 소개한 적이 있습니다. 그의 말대로 덴마크의 행복에는 "휘게(Hygge)"가 있습니다.

휘게(Hygge)를 직역하면 편안함, 아늑함, 기분 좋음, 여유로움의 의미가 있는 영어 코지니스 (coziness)에 가깝습니다. 하지만 휘게는 덴마크 시민들의 일상에서 아주 다양하고 폭넓게 사용되는 행복 용어입니다. 삶의 모든 분야에 적용 가능한 단어입니다. 용례를 보면 휘게스러운(Hyggeligt) 저녁, 휘게가 있는 식당, 휘게가 있는 복장, 휘게가 있는 자동차, 휘게가 있는 파티, 그리고 휘게가 있는 선물 등입니다. 덴마크 행복에는 휘게스러움이 있습니다.

휘게(Hygge)는 호화로움이 아닙니다. 휘게(Hygge)에는 남들과 다른 특별하거나 대단한 것을 누리거나 보여줘야 한다는 강박관념이 없습니다. 휘게는 소박, 만족, 여유, 그리고 감사가 담긴 생활 문화입니다. 휘게를 알면 어떤 상태에서도 만족과 감사, 의미가 있는 행복을 누릴 수 있습니다. 그래서 휘게 덴마크인은 늘 행복합니다.

덴마크인들은 일상 삶에서 만족과 의미를 찾습니다. 만족, 의미 그리고 감사의 삶이 휘게스러운(Hyggeligt) 삶입니다. 일상의 행복을 찾는 덴마크 사람들은 커피 한 잔도 휘게스러운 시간을 추구합니다. 저녁 식사도 온 가족이 모닥불 앞에서 휘게스러운 저녁 식사를 도모합니다. 그러나 휘게스러움이 꼭 비싸고 화려한 것을 의미하지는 않습니다. 휘게는 특별한 격식이 없다는 것입니다. 아주 검소한 식탁과 촛불로 휘게스러운 식사가 가능합니다.

이제 그룬트비와 휘게의 관계를 설명하려 합니다. 덴마크는 파란만장한 상실의 역사를 경험했습니다. 이런 역사적 아픔으로 망연자실한 덴마크 국민을 그룬트비가 "밖에서 잃은 것을 안에서 찾자!"라고 설득합니다. 이미 잃은 것을 아쉬워하기보다는 현재 가진 것에 감사하자고 설득합니다.

그리고 믿음으로 오늘을 해석하고 믿음으로 내일을 기대하는 민족이 되자고 권했습니다. 그들은 그룬트비에 의해 설득되었습니다. 덴마크 사람들은 아픈 역사의 희생자로 원망과 불평에 머물며 자신들을 초라하게 만들며 괴롭히지 않았습니다. 오히려 그들은 현재의 삶을 감사하고 만끽했습니다. 그들은 행복의 지혜를 배우고 실천하며 행복 국가를 세웠습니다.

이런 점에서 휘게(Hygge) 안에 녹아 있는 덴마크인들의 행복은 우리가 말하는 일상의 행복보다 훨씬 더 무게 있고 가치 있고 고상한 것입니다. 그야말로 근사한 행복입니다. 부유하다고 호화스럽거나 뻐기며 누리는 모습이 아닙니다. 그들의 휘게스러운 행복은 단순한 만족이나 즐거움이 아닙니다. 휘게가 품고 있는 덴마크식 행복은 감사, 만족, 여유, 절제, 나눔, 신뢰가 조합된 고상한 행복문화입니다.

휘게는 감사입니다. 휘게는 누림입니다. 휘게는 만족입니다. 휘게는 기쁨입니다. 휘게는 존중입니다. 휘게는 양보입니다. 휘게는 관용입니다. 휘게는 어울림입니다. 휘게는 신뢰입니다. 휘게는 여유입니다. 휘게에 담긴 행복은 하늘나라 향기가 담긴 고상한 행복입니다.

핀란드의 행복 인프라
행복 선진국

매년 3월 20일은 '세계 행복의 날(International Day of Happiness)'입니다. 이날은 각국의 행복지수를 종합한 행복 보고서를 발표하는 날입니다. 이 행복 보고서는 개인의 삶 전체에서 경험하는 행복의 조건들을 평가합니다. 예컨대 1인당 소득수준, 건강, 기대수명, 사회적 복지, 선택의 자유, 부패에 대한 인식, 그리고 사회적 관용, 등등 포괄적으로 행복 인프라를 평가합니다.

2018년 세계 행복 보고서(World Happiness Report)에 의하면 행복 선진국은 1위: 핀란드, 2위:노르웨이, 3위: 덴마크, 4위: 아이슬란드, 5위 스위스 등입니다. 이 순위는 매년 순서 변동이 거의 없습니다. 그런데 행복 선진국은 북유럽 국가들이 절대 우위를 점하고 있습니다. 반면에 우리 한국은 57위, 이웃 일본은 54위 미국은 18위, 필리핀 71위, 홍콩 76위였습니다. 한국과 일본, 그리고 홍콩은 초라한 성적입니다. 그리고 미국의 행복지수가 하위라고 하는 것은 아쉽습니다.

행복 1위국 핀란드는 우리에게 그리 친숙한 나라는 아닙니다. 핀란드는 사우나, 산타클로스의 고향, 그리고 자일리톨 껌으로 유명합니다. 핀란드는 한국과 공통점도 많습니다. 한국과 핀란드 두 나라는 교육 욕구와 성취도가 높고, 타국의 지배를 받은 아픔이 있습니다. 한국에 '한' 정서가 있다면 핀란드에는 '은근과 끈기'를 뜻하는 '시수(Sisu)' 정신이 있습니다. 모두 어려웠던 역사를 통해서 생성된 국민정신입니다.

그런데 핀란드는 탁월한 '복지'국가요 상당한 수준의 복지국가입니다. 핀란드는 유치원부터 대학교까지 완전 무상 교육을 제공합니다. 핀란드는 무상 교육을 제공하는데도 학업

성취도가 세계 1위입니다. 한국도 교육열이 높지만, 한국은 1등을 위한 교육열이지만 핀란드는 이웃과 함께하고 이웃을 섬기기 위한 교육열이 높습니다.

관심을 끄는 것은 핀란드인이 누리는 소박한 행복입니다. 핀란드 행복을 전하는 책 〈휘바 핀란드〉에서는 핀란드인 누리는 행복은 가까이 있다고 말합니다. 그들은 가족과 함께 도란도란 대화를 나누며 저녁을 먹고, 자연과 가깝게 지내고, 남과 나를 비교하지 않으며, 여름휴가에 가족과 함께 좋은 추억을 만드는 것과 같은 소소한 일상에서 행복을 누리는 것입니다.

이런 사소한 것들의 실천이 행복이요 삶의 기쁨임을 아는 것이 핀란드인들의 장점이고 국민의 진정한 실력입니다. 많은 사람이 행복을 누리지 못하는 이유를 특별하고 완벽한 조건을 찾기 때문입니다. 핀란드가 행복 선진국인 것은 평범하고 사소한 일상에서 행복을 누리는 지혜를 공유하고 있다는 것입니다.

행복 1위 국가 핀란드인들이 누리는 행복을 보면서 자신감을 느낍니다. 그들이 누리는 소박한 행복은 우리도 마음만 먹으면 당장 누릴 수 있는 행복이기 때문입니다. 국가적 차원의 사랑(복지)이 있습니다. 사회적 용납과 신뢰가 있습니다. 그들은 주어진 삶에 감사하는 행복을 누립니다. 그들의 행복은 일상이 삶에서 감사와 기쁨을 누리는 행복은 기독교 정신에 기초한 행복입니다.

핀란드는 루터교가 절대다수를 차지하는 기독교 국가입니다. 국민 90%가 종교세를 내는 기독교 신자입니다. 핀란드 문화는 기독교 문화입니다. 핀란드인의 소소한 행복은 신앙에 근거한 안정감입니다. 믿음으로 주어진 삶에 만족, 기쁨 그리고 감사로 행복 충만한 사회를 이루었습니다.

핀란드 교회는 자유주의 신학 영향을 받지만 무기력하지 않습니다. 핀란드에 정착하는 많은 무슬렘 난민들이 기독교로 개종한다는 뉴스가 있었습니다. 많은 무슬렘 난민들이 기독교 국가에 정착하면서도 개종을 하지 않는데 핀란드에 정착한 많은 무슬렘 난민들이 기독교로 개종하는 것은 핀란드 교회의 생명력을 말합니다. 건강한 교회들이 만드는 건강한 기독교 문화는 행복문화입니다.

핀란드의 행복 교육
행복을 연습하는

　치아를 건강하게 하는 껌 자일리톨, 세계 핸드폰의 40%를 점유하는 노키아, 그리고 사우나로 유명한 핀란드는 한국과 많은 공통점이 있습니다. 오랜 기간 외침과 식민지배의 경험을 공유합니다. 또 두 나라는 얼마 전부터 교육 강국으로 부상하고 있습니다. 한국과 핀란드는 교육을 통한 국력신장에 몰두했습니다. 그래서 핀란드와 한국 양국은 교육강국이 되었고, 2000년 이후 경제협력개발기구(OECD)에서 주관하는 국제학업성취도 평가(PISA)에서 매번 상위권을 유지하고 있습니다. 하지만 핀란드와 한국의 교육에는 공통점만큼이나 상이점도 아주 많습니다. 가장 중요한 차이는 한국 교육은 결과중심의 경쟁 교육이라면 핀란드 교육은 과정중심의 협력 교육입니다. 행복한 나라 핀란드의 행복 교육의 중요한 특징들을 정리합니다.

첫째로 핀란드는 교육을 국가가 책임집니다. 초등학교부터 박사과정까지 수업료가 없습니다. 모든 교육비용을 국가가 책임을 집니다. 교육비가 전혀 필요 없는 완전 무상 교육입니다. 핀란드는 자녀출산의 부담이 없습니다. 국가가 교육과 양육을 전부 책임집니다. 핀란드에는 사립교육 기관이 전혀 없습니다. 모든 학교 기관이 공립기관이며 핀란드에서 행해지는 교육은 대부분 국가가 전적으로 지원합니다.

둘째로 핀란드 교육은 교사중심의 교육입니다. 핀란드는 우수한 교사들을 양성하기 위해 노력합니다. 그러나 일단 채용되면 교사들을 최대한 배려하고 인정합니다. 교사들을 선발 과정은 아주 철저하고 까다롭지만 일단 교사가 되면 사회적, 경제적 위상과 대우가 대단합니다. 핀란드에서 교사직은 사회에서 전문직으로 인정을 받습니다. 당연히 보수도 좋습니다. 교사들의 삶의 안정을 위해 많은 배려를 합니다. 교사들을 귀하게 여깁니다. 교사들을 교육 시스템의 소모품으로 생각하지 않습니다. 교사들이 소신껏 학생들을 가르치는 보람과 기쁨을 누리게 합니다. 직업만족도가 높고 행복한 교사들이 일하는 교육 현장은 행복합니다.

셋째로 핀란드 교육은 학생들의 행복을 지향합니다. 행복한 교육은 핀란드 교육의 목표이자 결과입니다. 여러 조사들의 결과에 의하면 핀란드의 학생들은 교육을 받으며 행복을 느낀다고 합니다. 한국 학생들은 현재의 행복을 포기하고 미래의 행복을 갈망합니다. 한국 학생들은 행복을 미루며 미래의 행복을 위해 공부합니다. 반면에 핀란드 학생들은 현재의 행복을 누리며 미래의 행복을 준비합니다. 행복을 핀란드 학생들의 학창 시절은 행복한 세월이며 행복을 연습하는 시간입니다. 행복한 핀란드 학생들의 학업 성취도가 높은 것은 명약관화한 사실입니다.

넷째 핀란드의 교육은 남과의 경쟁이 아닌 자신과 싸움입니다. 한국의 교육은 '타인과의 경쟁'을 지향합니다. 그래서 모든 교육에 시험제도가 있습니다. 그러나 핀란드 교육은 자신의 어제와 비교하게 하고 자신의 어제보다 더 발전된 자신을 가꾸게 합니다. 핀란드의 교육철학을 나타내는 말 중에 "진정한 승자는 경쟁하지 않는다!"라는 말이 있습니다. 그래서 핀란드에는 표준화된 학생 평가제도가 없습니다. 경쟁을 통해서 발전하는 것도 사실이지만 많은 부작용이 있습니다. 경쟁의 부작용은 큽니다. 극소수의 우등생을 제외한 학생 대부분이 스트레스, 불행감 그리고 좌절감을 겪습니다.

한국 교육이 교육 효과를 강조한 나머지 학습 효율성을 높였지만 그만큼 학생들을 불행하게 만든다는 지적을 피할 수 없습니다. 한국 학생들은 현재도 불행하지만, 행복을 훈련하지 못해서 미래에도 불행이 예약되어 있습니다. 반면에 핀란드 교육은 더불어 살아가는 지혜를 배우며 행복을 경험하는 행복 교육입니다. 교육과정에서 행복을 누리게 하는 행복 교육입니다.

삶의 보람과 의미 그리고 즐거움의 합체인 행복을 누리지 못하면 다양한 지식과 정보 그리고 기술이 무의미합니다. 꿈과 목표를 이룬 후에 행복을 누리지 못해서 방황하고 인생을 망치는 경우를 종종 봅니다. 오늘 행복을 누릴 줄 알아야 합니다. 지금 행복해야 내일도 행복할 수 있습니다. 내일의 더 큰 행복을 위해서 오늘을 행복하게 살아가는 행복 훈련의 중요성을 핀란드 교육이 가르쳐 줍니다.

핀란드 휘바 행복
너그러움과 넉넉함이 있는

 행복학의 오랜 논쟁거리는 '행복의 조건이 무엇인가?'입니다. '행복을 누리는 조건이 행복을 품는 마음인가? 아니면 행복을 누리는 조건이 행복을 담은 조건이나 환경인가?' 하는 해묵은 논쟁이 진행 중입니다. 북유럽 행복 선진국의 행복문화를 살피며 거듭 확인하는 것은 행복을 누릴 수 있는 마음과 좋은 환경의 절묘한 만남에 행복이 있습니다. 핀란드도 예외가 아닙니다.

〈진정한 심플라이프, 휘바 핀란드〉라는 책이 있습니다. 핀란드인의 행복한 삶을 소개하는 책입니다. 핀란드에서 태어나 자란 저자는 핀란드인의 단순한 삶이 행복비밀이라고 합니다. 저자는 성인이 된 후 일본과 미국에서 살면서 그 나라 사람들의 삶과 핀란드의 삶을 비교합니다. 사회 복지 수준이 핀란드와 비슷하고, 경제적으로 핀란드보다 풍족한 나라들의 행복지수가 핀란드에 비해서 현저하게 떨어지는 것을 언급하면서 행복이 복지나 경제 수준이 결정적이 아니라고 주장합니다. 핀란드 사람들이 자랑하는 행복을 누릴 수 있는 마음과 정신문화를 소개합니다.

첫째, 핀란드 사람들은 소박합니다. 그들은 삶의 곳곳에서 소박함의 행복을 누립니다. 핀란드 사람들은 소박함으로 일상의 삶에서 행복을 누립니다. 많은 시간과 돈 그리고 기회를 희생하지 않아도 행복을 누릴 수 있다는 것입니다. 소박함으로 누리는 행복은 행복이 바로 우리 곁에 있다는 것을 말합니다. 매일의 삶에서 누리는 행복의 일상성을 주목해야 합니다.

둘째, 핀란드 사람들은 너그럽습니다. 핀란드 사람들은 너그러운 사람들이라는 것이 핀란드 사람들을 관찰한 사람들의 일관된 반응입니다. 핀란드 사람들은 주어진 환경에 순응하며 살아왔습니다. 긴 겨울이 춥고 흐립니다. 그래서 발달된 것이 사우나 문화입니다. 그들은 아울러 사회 문화 제도와 이웃들에 대하여 너그럽게 순응합니다. 핀란드는 시민들이 국가 정책을 너그럽게 수용합니다. 핀란드인들이 너그러운 마음으로 이웃의 행복을 배려합니다. 핀란드인들이 높은 행복지수를 누리는 비결은 함께 살아가는 이웃의 행복은 물론 경쟁하는 상대의 행복도 배려하는 너그러움에 있습니다.

셋째 핀란드인은 긍정적 자세로 말미암은 유쾌함이 있습니다. 핀란드 사람들은 비교적 내성적이지만 워낙 유쾌한 성향을 갖고 있습니다. 핀란드의 행복을 살피면 꼭 만나는 단어가 "휘바!"입니다. 다양한 의미를 담고 있지만 "매우 좋다!"는 뜻입니다. 브라질 사람들이 매우 좋을 때 엄지를 세우며 외치는 "따봉!"이라는 말과 거의 동일한 개념입니다. 휘바는 핀란드 사람들의 매일의 삶에서 아주 많이 사용되는 말입니다. 휘바는 긍정적인 기쁨의 정서를 단적으로 표현하는 말입니다.

소박함, 너그러움, 그리고 유쾌함이 핀란드인의 행복한 삶의 바탕입니다. 필자는 오래전 국제군인 선교 단체인 ACCTS에서 핀란드인 친구 티모와 인턴을 같이 했습니다. 티모는 핀란드 육사를 졸업한 엘리트 장교였습니다. 함께 했던 약 2년간의 세월 속에서 우리는 콜로라도주 곳곳을 누비고, 로키산의 정상을 올랐던 추억을 공유하고 있습니다.

티모 대위와의 생활을 돌아보면 그는 소박하고, 너그럽고 유쾌한 멋진 기독 장교이었습니다. 그와 함께 보낸 시간은 행복한 시간이었습니다. 세미나와 토론이 끝날 때마다 "Let Finnish finish! (핀란드 사람이 마치게 하라!)"는 저의 짓궂은 농담에 환한 미소로 응답했던 행복한 친구 티모 대위(현, 예비역 대령)가 그립습니다.

학생이 행복한 네덜란드의 행복 교육

　네덜란드는 행복 선진국입니다. 다양한 행복 평가에서 네덜란드는 늘 수위를 차지합니다. 우리에게는 해수면보다 낮은 국토, 풍차, 튤립, 축구 그리고 개혁주의 기독교 등으로 알려진 나라입니다만 사실은 청소년의 행복도나 노인의 행복도가 세계최상인 행복 선진국입니다. 네덜란드를 인터넷에 검색하면 네덜란드는 아동 혹은 청소년의 행복도가 세계 최고다'라고 주장하는 글들을 쉽게 만납니다. 또 네덜란드는 노인의 행복도가 가장 높은 나라로 소개됩니다.

네덜란드는 청소년의 행복으로 유명합니다. 청소년 95%가 스스로 행복하다고 말하는 나라입니다. 유니세프 등의 유수 국제단체들이 발표하는 각종 통계에서 네덜란드 청소년들의 행복지수는 늘 수위를 차지합니다. 무엇이 네덜란드 청소년들을 행복하게 할까요? 청소년기의 삶은 교육받는 것이 대부분입니다. 네덜란드 청소년의 행복은 네덜란드 교육 시스템이 행복을 보장하는 환경이라는 반증입니다.

첫째로 네덜란드 청소년의 행복 이유는 행복을 목적으로 삼는 교육입니다. 네덜란드 교육은 학생의 행복을 목적으로 삼습니다. 성공이나 경쟁에서 승리가 교육의 목표인 교육 시스템에서는 많은 낙오자를 만들고 많은 학생을 불행하게 합니다. 한국 교육이 불행을 양산하고 청소년 자살 1위 국가가 되는 중요한 이유입니다. 그런데 네덜란드는 교육 목표가 행복입니다. 아동과 학생의 행복을 막는 숙제도 없습니다. 교육과정 중에 무리한 부담도 주지 않으려는 노력이 네덜란드 교육제도 곳곳에 담겨 있습니다.

둘째로 행복한 네덜란드 청소년의 행복 비결은 네덜란드 교육은 국가가 주관하는 데 있습니다. 네덜란드는 모든 교육이 국가 기관에서 이뤄집니다. 이것은 많은 것을 함유합니다. 우선 사교육이 불필요한 공교육이라는 의미입니다. 네덜란드 전 국민이 공교육에 만족합니다. 국가가 국민의 행복과 복지를 위해 성숙한 교육 서비스를 제공합니다.

아울러 네덜란드 공교육은 기회균등을 보장합니다. 네덜란드 국가가 보장하는 균등은 종합적입니다. 네덜란드는 교육기회의 균등, 교육 후 기회의 균등, 은퇴 이후의 노년 삶의 균등을 보장합니다. 균등한 미래의 보장은 학생이나 학부모를 너그럽게 합니다. 교육 결과가 균등하니 아옹다옹할 이유가 없습니다.

셋째로 네덜란드 청소년의 행복은 네덜란드 교육이 건전한 사회 육성을 지향하는 데 있습니다. 네덜란드는 진정한 행복의 지혜를 가르칩니다. 네덜란드는 사회 질서를 준수하는 것이 성공하는 것보다 더 중요하다고 가르칩니다. 정직하게 사는 것이 사회적 출세보다 더 중요하다고 가르칩니다. 존중과 배려의 중요성을 가르칩니다.

네덜란드는 신뢰를 중시하는 사회입니다. 가정에서도 신뢰를 중시한다고 합니다. 사회의 신뢰도는 약속을 지키는 것에 근거합니다. 네덜란드 부모들은 가정에서 자녀들과의 약속을 철저히 지키는 것으로 유명합니다. 신뢰, 배려, 존중 등의 기초가 없는 사회는 행복을 세울 수가 없습니다. 네덜란드는 든든한 기초위에 행복의 집을 짓고 있습니다.

네덜란드는 종교개혁 이후 개혁교회로 일컬어지는 장로교가 네덜란드 사회에 지대한 영향을 미쳤습니다. 아브라함 카이퍼 목사 등 많은 목사가 수상을 지냈습니다. 목사나 신학자들이 정치지도자로 활약하면서 기독교 정신으로 나라와 사회를 이끌었습니다. 2차 대전 후 기독교 인구가 급감하였지만, 여전히 네덜란드는 기독교 문화가 국가 시스템과 사회와 학교를 지배하고 있습니다.

네덜란드 이민자들이 전하는 건강하고 행복한 문화가 지금도 CRC 교단 등에 남아 있습니다. 네덜란드의 행복은 성경으로 돌아가자고 외쳤던 개혁주의자들의 피맺힌 외침들에서 시작하였습니다. 기독교가 쇠퇴하는 네덜란드가 각종 사회적인 문제로 골머리를 앓는 것을 보며 다시 한번 진정한 행복은 하나님을 경외하는 사회와 마음에서 자란다는 것을 깨닫습니다.

관용과 배려가 있는 네덜란드의 노인 행복!

　행복 선진국 네덜란드는 노인들이 가장 행복한 나라로 알려집니다. 현대 국가의 복지를 생각하면 노인 복지를 보지 않을 수가 없습니다. 세계는 지금 급속하게 고령화 사회로 가고 있습니다. 고령화 사회는 세계적으로 전환할 수 없는 추세입니다. 네덜란드는 제법 오래전부터 이런 현실을 인식하고 미리 준비하고 대안을 개발하고 실천해 온 노인 행복 국가입니다. 네덜란드의 노인 행복을 위한 사회적 시스템은 종합 선물 세트 같은 그야말로 완벽한 프로그램입니다.

먼저 노인 행복의 기초가 되는 노인 연금이 있습니다. 네덜란드는 65세 이상 노인들에게 퇴직 전 소득의 70%를 보장하는 것을 목표로 하는 아주 수준 높은 노령 연금제도를 운용합니다. 이 연금제도는 네덜란드에 6년 이상 거주하였거나 세금과 보험료를 납부한 경험이 있으면 누구나 혜택을 받을 수 있는 노인 연금제도입니다.

네덜란드는 모든 국민을 대상으로 완벽한 노인 연금을 추구합니다. 그런데 네덜란드 노인 연금은 국가가 일방적으로 부담하지 않습니다. 철저한 국민의 참여와 국민의 부담으로 연금 기금이 준비되어 실행되는 것이 네덜란드 연금제도의 특징입니다.

네덜란드 노인 행복을 보장하는 두 번째 요소는 높은 노인 인구 취업률입니다. 네덜란드는 노인들을 위한 일자리를 다양하게 준비하여 노년기에 일하는 기쁨을 맛보게 합니다. 행복학에서 말하는 행복의 조건 중의 하나가 유능감입니다. 자신의 무능력을 자각하면 각종 부정적인 감정을 갖게 되어 불행하게 됩니다. 직업이 주는 긍정적 효과 중의 하나는 유능감을 갖게 하는 것입니다. 노인들을 뒷방 늙은이가 아닌 사회 현장의 주역으로 세워가는 것이 네덜란드 사회의 자랑입니다.

노인 일자리는 수입의 문제가 아니라 소속감과 유능감을 갖게 함으로 행복감을 증진하는 것입니다. 네덜란드 정부는 독립회사를 설립해 각 분야 은퇴자들(Netherland Seniors Experts)을 개도국 중소기업에 파견하고 있습니다. 은퇴자들의 경험과 노하우를 필요한 개발 도상국 기업에 제공하게 함으로 세계 발전에 이바지하게 하는 프로그램입니다.

네덜란드 지역 정부는 노인들을 위한 컴퓨터교육, 직업 교육을 제공해 왔습니다. 50세 이상을 대상으로 다양한 교육을 제공하여 노년에 취업 준비를 미리 하게 하고, 65세가 되어 은퇴하면 노년 재취업을 위한 구체적 직업 훈련 프로그램을 제공하여 취업하게 합니다. 정부는 기업을 설득하여 노인 노동력을 활용하게 하고 기업이 노인 노동력을 활용하면 각종 인센티브를 부여합니다.

네덜란드 노인 행복을 보장하는 세 번째 요소는 치매 마을과 치유 마을 그리고 노인 마을 등등의 노인들을 위한 생활

공동체 조성입니다. 네덜란드에는 다양한 노인 마을들이 있습니다. 예를 들면 호그벡에 있는 치매 노인 전문 마을이 있습니다. 치매 노인도 자유롭게 생활하며 활동할 수 있어야 하고 삶의 재미를 가져야 한다는 취지에서 한 간호사가 설립한 특수 마을입니다. 물론 중앙정부와 지역기관의 협조로 중증 치매 환자와 환자들을 돕는 스태프들로 구성된 특수한 마을입니다.

노인들이 행복한 네덜란드는 흔히 노인들의 천국이라고 불립니다. 그만큼 노인 복지 정책이 건강합니다. 네덜란드 복지의 발전은 네덜란드 사회를 지탱하는 기독교 정신에 있다고 합니다. 네덜란드 사회 곳곳에는 성경이 말하는 관용정신과 배려정신이 살아 있습니다. 이런 정신으로 노인들을 돌보고 존중하는 네덜란드는 젊은이들이 미래나 노년기에 대한 두려움이 없는 사회입니다. 국가와 시민들이 더불어 힘을 모아 노년의 질병과 가난을 물리치고 행복 시대를 열어가는 네덜란드의 행복 비밀입니다.

프라비다! (Pura Vida) 코스타리카의 행복!

　세계 각국의 행복을 평가하는 기구 중에 영국 '신 경제재단(NEF) 연구소가 있습니다. 이 연구소가 발표한 지구 행복지수(HPI:Happy Planet Index)'에 코스타리카가 수년간 1위를 지켰습니다. 신 경제재단(NEF) 연구소의 행복지수는 유엔의 행복지수와는 기준이 다릅니다. 양적 경제 지표가 아닌 복지, 기대수명, 사회적 불평 등등의 지표에 근거해 행복도를 측정한 다음 그것을 생태 발자국으로 나눈 값입니다. 생태 발자국이란 자원을 생산하는 데 드는 비용과 배출한 쓰레기 처리 비용을 환산한 것입니다. 즉 생태계를 지키는 국가의 의지를 보는 것입니다. NEF는 현재의 행복뿐만 아니라 미래의 행복 가능성을 고려한 종합적 평가입니다.

코스타리카는 1502년 콜롬버스가 발견했고 1821년에 스페인으로부터 독립한 나라입니다. 지리적으로 중앙아메리카에 위치하여 동쪽으로는 카리브해와 서쪽으로는 북태평양과 접하고 있습니다. 국토는 한국의 절반, 인구 500만 남짓한 작은 나라 코스타리카는 평화와 행복을 자랑합니다. 유럽의 스위스, 오스트리아와 더불어 코스타리카는 평화를 표방하는 중립국입니다. 나아가 코스타리카는 군대가 없습니다. 군대를 유지하는 데 필요한 경비를 국민 복지에 사용하는 독특한 나라입니다. 코스타리카 문화와 사회제도 속에서 코스타리카의 행복비결을 정리합니다.

첫째, 코스타리카는 평화지향의 문화를 세웠습니다. 수많은 전쟁과 내전을 경험했고 스페인의 지배를 받는 아픔의 역사를 가졌지만, 코스타리카는 용감하게 군대가 없는 비무장 중립국을 선택했습니다. 코스타리카는 무장을 통한 안전 대신 비무장을 통한 평화를 선택하였습니다. 주변 상황이 만만치 않지만 성공적입니다. 코스타리카는 아웅산 테러사태 이후 북한과 수교를 단절했습니다. 폭력을 거부하고 평화를 사랑하는 코스타리카 국가 정신을 보여 준 사건입니다. 코스타리카 사람들은 자신에게 분노를 표출하는 사람과 관계를 단절합니다. 코스타리카는 평화를 지향하는 문화를 가졌습니다. 행복한 사람들은 평화를 사랑합니다. 화평케 하는 자들이 누리는 행복이 코스타리카의 행복입니다.

둘째, 코스타리카는 친환경적인 국가입니다. 코스타리카가 평화를 선택하며 자연환경과 조화로운 국가를 선택했습니다. 원래 해안선(Costa)이 풍성하고(Rica) 아름다운 나라이지만 국토의 51%가 숲으로 구성되어 풍성한 숲의 나라입니다. 무려 70개의 국립공원은 면적이 국토의 25%를 차지한다고 합니다. 숲을 잘 가꾸는 것에 그치지 않고 환경 보호 정책을 실천하기 위해 중화학 공업은 육성하지 않고 금광 채광을 법으로 금지했습니다. 이런 친환경적 국가 정책과 문화가 코스타리카를 행복한 나라로 만들어 갑니다.

셋째, 코스타리카는 복지국가 면모를 갖추었습니다. 코스타리카는 오래전에 무상 교육을 실천하여 국민의 문자 해독

률이 95%에 가깝습니다. 문맹률을 낮추는 것은 복지국가의 기초입니다. 코스타리카는 고등학교까지 무상교육이며 미국보다 더 나은 의료복지와 노후보장제도를 자랑합니다. 탁월한 의료서비스와 노후 보장제도는 많은 미국과 캐나다의 은퇴자들이 코스타리카로 몰려드는 이유이기도 합니다. 한마디로 코스타리카는 미국 시민들이 인정하는 복지국가입니다.

코스타리카와 비슷한 기후와 환경을 가진 나라들은 여러 가지 이유로 국민들이 미국 등으로 탈출합니다. 반면 코스타리카는 미국의 은퇴자들이 노후의 삶을 보내기에 좋은 나라로 알려집니다. 코스타리카는 행복을 가꾸는 나라입니다. 개인은 행복을 누리고 정부는 전체의 행복을 위한 제도와 환경의 개선을 추구하는 건강한 행복 사회 모델을 보여 줍니다.

코스타리카 사람들은 만날 때마다 '프라(Pura) 비다(Vida)!'라는 인사를 나눕니다. 실생활에서의 의미는 '행복한 인생'이라는 뜻입니다. 원래의 의미는 참된 인생 혹은 순수한 인생(Pure life)이라는 의미입니다. 그들은 주어진 삶을 순수하게 사는 것이 행복한 삶이라 여기며 살아가고 있습니다. 유쾌하게 프라 비다!를 외치며 행복하게 살아갑니다. 코스타리카 사람들은 이웃의 행복을 빌고, 자신의 행복을 누리며 공동체의 행복을 함께 가꾸며 살아가는 행복한 사람들입니다.

부탄의 행복 가꾸기
행복 선진국

　행복학 (Happiology)을 공부하면 행복을 정복한 부탄이라는 나라를 만납니다. 부탄은 히말라야 아래에 있는 극빈 약소국입니다. 그런데 부탄은 유명한 행복 선진국입니다. 부탄은 세계의 지붕인 히말라야 부근에 인구도 국민소득도 대한민국의 3분의 1 수준입니다. 문맹률도 높습니다.

　부탄을 행복 선진국이라고 부르는 데는 몇 가지 중요한 이유가 있습니다. 첫째는 부탄은 모든 국민이 행복을 느낀다는 것입니다. 부탄 대다수 국민이 스스로 행복하다고 생각하며 자신들의 삶에 만족하고 있습니다. 통계에 의하면 부탄 국민의 97%가 스스로 행복하다고 생각합니다.

부탄이 행복 선진국인 둘째 이유는 국민 행복이 국가 정책입니다. 부탄은 세계 최초로 국민총행복 정책을 도입하여 국민의 행복을 국가 시책으로 세운 나라입니다. 부탄은 국내총생산(GDP)보다 국민총행복지수(GHN)을 더 중시합니다. 국민의 행복을 중시하는 부탄은 행복 선진국입니다.

부탄을 행복 선진국이라 인정하는 세 번째 이유는 행복을 위한 구체적인 노력이 있습니다. 예컨대 이런 것들입니다. 첫눈 오는 날은 부탄의 휴일입니다. 첫눈을 맞으며 행복을 만끽하라는 것입니다. 현실주의자들은 비웃을 수 있습니다. 눈이 와도 일을 하고 돈을 벌어야 생존할 수 있다고 믿으면 정말 웃기는 정책으로 여길 수 있습니다. 그러나 부탄은 첫눈을 만끽하며 국민이 행복한 시간을 갖는 것이 경제적 활동보다 더 중요하다고 봅니다.

또 부탄은 개인의 행복을 국가가 인정합니다. 공무원 가정에 중요한 일이 있으면 휴무를 보장합니다. 공무원 개인과 가정의 행복을 공무원의 공적인 업무보다 더 중요하게 여깁니다. 덴마크, 부탄 등등의 행복 선진국들이 공유하는 중요한 공통점은 국가나 총체적 사회가 행복을 추구한다는 점입니다. 국가가 행복을 추구하고, 기업이 행복을 추구하고, 종교 단체가 통합적으로 행복을 추구할 때에 행복 인프라가 구축되어 행복지수가 높은 사회가 된다는 것을 보여 줍니다.

국민의 행복을 위한 부탄의 구체적인 노력의 세 번째 모습은 사회 복지 제도입니다. 부탄은 고등학교까지 무료입니다. 무상교육 서비스를 제공합니다. 성적이 우수한 학생은 대학과 해외 유학을 국가가 지원합니다. 병원비도 무료입니다. 무상 의료서비스를 지원합니다. 부탄에서 치료할 수 없는 경우는 외국에 보내어 무료로 치료받게 합니다. 여하간 부탄은 놀라우리만치 국민의 행복과 만족을 추구합니다.

행복은 개인의 선택입니다. 개개인의 선택과 마음가짐이 행복을 결정합니다. 그러나 사회적, 제도적 행복을 추진해야 더 효과적인 행복 성취가 가능하다는 것을 보여 줍니다. 행복 실험을 했던 호주의 메릭빌의 경우나 영국의 슬라우 경우도 집단적 행복추구가 행복지수를 높이는 데 효과적이라는 것을 가르쳐 줍니다. 집단의 행복을 추구하는 사회가 건강하고 성숙한 사회입니다.

4대 왕 지그메 싱게 왕축
부탄 행복의 선구자

　행복 선진국 부탄은 절대 빈민국, 절대 약소국입니다. 인구 75만 명으로 히말라야 동쪽 산자락에 있는 아주 작고 가난한 나라입니다. 2016년 통계에 의하면 병원 29곳 의사 145명 공립학교 221개 사립학교 19개 자동차 29,914대 전화 33,709대가 있었습니다. 놀라운 것은 이렇게 낙후된 나라 부탄이 행복 선진국이라는 사실입니다.

　행복 선진국 부탄 뒤에는 행복 선구자 왕들이 있었습니다.

그들은 4대 왕 지그메 싱게 왕축과 5대왕 지그메 케사르 남기엘 왕축입니다. 1972년 17세에 부탄왕국 4대 왕으로 즉위한 지그메 싱게 왕축은 재임 중 국민의 행복을 추구하는 정치를 합니다. 현재 그는 은퇴한 왕으로 부탄 국민의 절대적 추앙을 받습니다. 살아 있는 왕으로 국민의 추앙을 받는 것은 보기 드문 일입니다. 그는 부탄의 행복 선구자였습니다. 행복 선구자로 추앙받는 이유를 거칠게 간추려 봅니다.

첫째 지그메 싱게 왕축은 왕으로 즉위하자마자 GNH(국민총행복지수)의 중요성을 말합니다. 그는 국가 발전 평가 기준으로 GDP보다 GNH가 더 중요하다고 했습니다. 10대 후반에 왕으로 즉위한 그의 말입니다. "모든 나라 정부와 국민들이 경제적 부를 늘리기 위해 노력하는데, 그것을 성취한 사람들은 안락한 생활을 하지만 많은 사람은 나라의 부가 늘어나도 빈곤하고 비참한 삶을 산다. 모든 사람은 행복을 열망한다. 따라서 한 나라의 발전 정도는 사람들의 행복에 의해 측정되어야 한다. GDP보다 GNH가 더 중요하다." 70년대에 10대 왕의 혁명적인 발언입니다.

둘째 지그메 싱게 왕축은 국민의 행복을 위해 구체적인 정책을 펼쳤습니다. 그는 80년대 교육혁명을 통해 80%의 문맹률을 40%로 낮추었습니다. 나아가 그는 보건소를 확대해 평균수명이 43세였던 것을 66세로 끌어올렸습니다. 그는 외에도 생태계 보호, 전통문화 보존, 정치적 민주화 실천 등등 국민의 삶의 질을 높이는 데 큰 힘을 쏟았고 괄목할 만한 성장을 보았습니다.

셋째 지그메 싱게 왕축은 2001년 절대군주제를 폐지하고 민주적 입헌군주제로 전환을 시작합니다. 그의 아들에 의해서 이 절대군주제가 완전히 폐기되고 입헌군주제가 완성됩니다. 왕을 선거로 뽑는 제도를 왕이 국민을 설득해서 도입합니다. 혁명이나 전쟁, 외압 없이 절대군주제에서 입헌군주제로 전환된 것은 역사상 처음 있는 일이라고 전해집니다. 대통령을 뽑아도 왕처럼 군림하려는 세태를 보면서 부러운 감탄이 터져 나옵니다.

넷째 지그메 싱게 왕축은 자신이 마련한 입헌군주제의 정착을 위해 조기에 왕좌에서 물러납니다. 민주화와 분권화의 원활한 이행을 위해 51세에 왕좌를 아들에게 물려줍니다. 왕으로서 수많은 업적을 이루고 국민의 절대적 지지를 받던 상태에서 하야하여 은퇴한 왕이 되기를 선택합니다. 그가 정한 법(65세 은퇴 규정)에 비하여도 조기 은퇴입니다. 그는 왕으로 조기 은퇴하여 노후를 즐기는 행복한 왕으로 유명합니다.

지도자의 헌신이 행복을 견인함을 배웁니다. 국민의 행복을 추구하는 정치지도자가 있으면 온 나라가 행복해집니다. 사원들의 행복을 구하는 행복한 기업인이 있으면 기업 구성원 전체가 행복합니다. 성도들의 행복을 위해 최선을 다하는 행복한 목사가 있으면 온 성도가 행복합니다. 가족의 행복을 추구하는 가장이 있으면 온 가족들이 행복합니다. 우리가 속한 공동체의 행복을 위해 희생과 헌신을 실천하는 지도자가 되어야 합니다. 좋은 지도자는 구성원의 행복을 추구하는 지도자입니다.

에필로그

행복을 주는 책이 되기를…

마르틴 루터 킹 목사의 〈나는 꿈이 있습니다(I have a dream)!〉란 연설을 좋아한다. 그 유명한 연설 몇 문장을 외운다. "나는 언젠가 조지아의 붉은 언덕에서 그 옛날 노예의 후손과 노예를 부리던 사람들의 후손이 한 식탁에서 식사할 수 있는 장면을 보는 꿈이 있습니다. (중략) 나는 내 아이들이 그들의 피부색이 아닌 그들이 품은 꿈과 인격으로 판단되는 나라에서 사는 날이 오리라는 꿈을 갖고 있습니다. 나는 꿈이 있습니다." (후략)

이 연설처럼 꿈을 품고 뜨겁게 기도한 적이 있다. 2017년 11월 말 LA행 비행기 안이었다. 10년의 목회를 마치고 새 삶을 위해 이동 중이었는데 자꾸 눈물이 났다. 이유를 알 수 없는 눈물이었다. 옆에 앉은 미국인이 "무슨 일이냐?"라고 묻는데

할 말이 없어 '그냥(Just Because)!'이라고 대답했다.

미국과 한국의 목회 30년을 돌아보았다. 치열하게 열정적으로 사역했다. 보람도 의미도 있었다. 그런데 뭔가 아쉬웠다. 남은 세월은 아쉬움 없이 살고 싶었다. 그래서 비행기 안에서 이 꿈을 위해 기도하기 시작했다.

눈물은 여전히 흐르고 있었다. 그런데 이젠 이유 있는 눈물이었다. 새로운 꿈을 품고 뜨겁게 기도하였다. 이 기도 중에 세 가지 꿈을 품었다.

첫째는 내 행복이었다. 행복해지고 싶었다. 탈진에 이를 만큼 열심히 사역했고, 교회도 세웠고 사역의 열매도 있었지만 행복하지 못했다. 그래서 행복하고 싶었다.

둘째는 행복을 전하고 싶었다. 목회하면서 늘 거룩한 불만을 품었다. 성과도 있었고 남들은 좋다고 하는데 자신에게나 성도들에게 관대하지 못했다. 자연히 행복을 나누지 못했다. 그래서 기회가 오면 행복에 대한 글을 쓰고, 행복을 전하겠노라 다짐하며 기도했다. 행복 전도사가 되고 싶었다.

셋째는 하나님의 사람들을 섬기고 싶었다. 좁은 동네에서 목회하며 힘들었다. 섬기고 사랑하려고 시작한 목회인데, 여의치 않았다. 나의 섬김이 이웃 목회자들에게 짐이 되고 눈물이 되는 상황도 있었다. 그래서 기도하며 기회가 되면 LA지역을 맘껏 섬기겠노라 꿈을 품었다.

LA 생활을 기독일보 셋방살이로 시작했다. 전력을 알아본 기독일보 사장이 칼럼을 쓰라고 권해서 행복칼럼을 쓰기 시작했다. 이 칼럼을 쓰며 스스로 행복했고, 행복 메시지를 전했다. 우연한 기회에 목사회를 섬겼고, 이제는 이런저런 일을 맡아 커뮤니티를 섬긴다. 다민족연합기도 사무총장으로 지역과 미국을 섬긴다. 비행기 안에서 품고 기도했던 꿈들이 이뤄지고 있음에 놀란다.

이번에 조선일보(LA)와 기독일보에 연재했던 행복칼럼을 엮어 〈손에 잡히는 크리스천의 행복론〉으로 출간하며 또 하나의 꿈을 품는다. 이 책이 누군가에게 행복을 선물하기를 바란다. 행복칼럼을 쓰면서, 출판을 마음먹고 출판 작업을 시작하면서 품었던 꿈이다. 누군가에게 행복이 선물 되기를 기도한다. 비행기 안의 내 기도에 응답하심 같이 이 기도에 응답하실 줄 믿는다.

강 태 광

Let's Be Happy Together